PUHUA BOOKS

我
们
一
起
解
决
问
题

青春期心理问题
认知疗法

Cognitive Therapy
for Adolescents in School Settings

[美] 托里・A. 克里德（Torrey A. Creed）
[美] 贾罗德・赖斯韦伯（Jarrod Reisweber）◎著
[美] 亚伦・T. 贝克（Aaron T. Beck）

王建平　余　萌　等◎译

人民邮电出版社
北　京

图书在版编目（CIP）数据

青春期心理问题认知疗法 / （美）托里·A. 克里德
(Torrey A. Creed)，（美）贾罗德·赖斯韦伯
(Jarrod Reisweber)，（美）亚伦·T. 贝克
(Aaron T. Beck) 著；王建平等译. -- 北京：人民邮
电出版社，2023.6
　　ISBN 978-7-115-61341-7

　　Ⅰ. ①青… Ⅱ. ①托… ②贾… ③亚… ④王… Ⅲ.
①青春期—心理健康—健康教育 Ⅳ. ①G479

中国国家版本馆CIP数据核字(2023)第069721号

内 容 提 要

近年来，青少年心理问题频发，孩子们对专业心理指导的需求在不断增长。心理工作者需要运用真正专业的技术，帮助青少年抚平内心创伤，健康地度过至关重要的生命阶段——青春期。

《青春期心理问题认知疗法》由认知疗法创始人亚伦·T. 贝克等资深临床心理学家撰写，旨在指导心理工作者在学校环境中运用认知疗法为青少年提供咨询。在本书中，作者以存在心理问题的四位中学生的具体案例为背景，首先介绍了关于认知疗法的重要概念和模型，以及不同概念之间的联系与区别；其次传授了帮助来访者更好地进行个案概念化的具体方法；最后介绍了一些在学校开展咨询时可以应用的认知技术和行为技术，包括认知三角、思维记录、引导式发现等，此外还提供了心理工作者在目标设定、会谈过程中可以使用的各种表格，以及清晰的对话示例。读完本书，读者将能清晰地了解如何在学校环境中运用认知疗法，并且不断精进自身的咨询技术。

本书是心理咨询师、心理治疗师，以及老师和家长的重要参考读物。

◆　　著　　［美］托里·A. 克里德（Torrey A. Creed）
　　　　　　　　［美］贾罗德·赖斯韦伯（Jarrod Reisweber）
　　　　　　　　［美］亚伦·T. 贝克（Aaron T. Beck）
　　　　译　　王建平　余　萌　等
　　责任编辑　曹延延
　　责任印制　彭志环

◆　人民邮电出版社出版发行　　北京市丰台区成寿寺路 11 号
　　邮编 100164　　电子邮件 315@ptpress.com.cn
　　网址 https://www.ptpress.com.cn
　　北京天宇星印刷厂印刷

◆ 开本：880×1230　1/32
　　印张：10　　　　　　　　　　　2023 年 6 月第 1 版
　　字数：400 千字　　　　　　　　2025 年 5 月北京第 11 次印刷
　　著作权合同登记号　图字：01-2022-6009 号

定　价：69.80 元
读者服务热线：（010）81055656　印装质量热线：（010）81055316
反盗版热线：（010）81055315

• 译者序 •

在中小学校园，学生对心理服务的需求量很大，但是专业的心理健康工作者却非常有限，心理健康教育资源不足。2022 年我国首个 6—16 岁儿童青少年精神疾病流调结果显示，各类精神疾病的时点患病率为 17.5%（Li et al., 2022）。这表明我国儿童青少年的心理健康状况非常需要重视，也凸显了学校心理健康咨询工作的重要作用。2012 年年初，我有幸邀请到了澳大利亚麦考瑞大学儿童青少年焦虑障碍专家 Ronald M. Rapee 教授来北京师范大学讲授团体 CBT（认知行为疗法）在青少年焦虑治疗中的应用。此后我们便结合已有的认知行为培训团队资源，形成了针对中学心理教师的、以"培训—应用—督导"为主线的培训方案，并且开展了在校园情境下针对青少年焦虑症状的科学研究和干预实践。这十年来，我和我的团队一直在探索针对国内学校体系下的、本土化的培训、科研和实践为一体的方案，希望能培养一批儿童青少年领域的CBT专业人员。因此，当人民邮电出版社找到我想邀请翻译此书时，我便欣然答应了，并希望这本书能够为在国内的学校环境中与学生一起工作的广大心理工作者提供实用的技术。

本书的三位作者都是资深的临床心理学家，而且在儿童青少年群体中都有着丰富的实践经验，对该群体的咨询师也有着丰富的培训经验。本书首先介绍了有关认知疗法的重要概念，并指出了不同概念之间的联系以及异同点；其次，向临床工作者们详细阐述了如何向他们的来访者（学生）呈现自己的个案概念化，帮助临床工作者和来访者更好地了解困扰学生问题的起源和发展过程；再次，介绍了如何将认知概念化根据情况进行简化，以适应学校咨询简短的特点。这非常具有启发性，很实用，也具有很强的可操作性。本书还通过呈现实际案例分别介绍了作者们在学校系统工作时发现的最有效和最有用的认知技术和行为技术。由此，作者丰富的实践经验转化成了创造性的处理技巧，对专业工作者的临床工作方面起到了很好的借鉴和启发作用。青春期是自杀想法和行为出现的高风险时期，因此，本书还介绍了处理有自杀风险学生的相关技术。最后，本书结合案例介绍了在面对学生来访者时，如何按照会谈结构进行咨询。

学校咨询的难点之一在于学生认知水平的发展存在一定局限性，因此学生有时会难以理解认知疗法中的抽象概念。因此，本书还特别介绍了作者在实际工作中总结的一些创造性的技巧，比如过山车故事的比喻、成功路线图、希望工具箱、角色扮演、借用漫画人物的视角等。这些技巧特别适用于那些具象思考和功能水平较差的学生，能够使学生对将该技巧带到会谈外的日常生活场合中使用感兴趣。而学校咨询的特点之一在于，青少年的信念往往比成年人更容易改变，因为前者更具可塑性，同时还在不断发展和变化；因此，在具体的咨询进程上，针对青少年与成年人的处理技巧也有所不同。此外，本书介绍了一些困难学生案例。他们呈现出的心理问题是在学校环境中不常见但的确又非常棘手的问题，给临床工作者们带来了不一样的思考和解决问题的角度。除了实践以外，本书作者们还做了许多科学研究，以做到科研与实践充分结合，这也实现了作者们对本书的期许，"弥补了心理学研究和实践之间的差距"。

本书的翻译主要由我已毕业的硕士生和博士生完成，个别章节由在读博士生完成。为了确保翻译的专业性和准确性，参与翻译的人员都至少参加过我开发和讲授的两年 CBT 基础训练，在儿童青少年 CBT 领域进行了至少五年的科研或临床实践工作，并且前期都多次参与我组织的 CBT 专业书籍的翻译工作，使翻译内容尽可能地达到"信、达、雅"的标准。在翻译前，我们结合出版社的要求，对某些特定的专业术语进行了统改。在翻译过程中，译者多次就内容进行讨论和反复确认；而且因为文化差异的问题，也多次和出版社进行沟通，以确保对原书内容的忠实以及语言表达的本土化。各章翻译人员的具体情况如下：第一章、第二章，余萌；第三章，殷炜珍；第四章，谢童；第五章，朱雅雯。初稿完成后，译者团队对初稿进行两两校对，在校对过程中有疑问和争议的地方，互校人员再进行讨论和确认，形成第二稿；最后，余萌在我的指导下对第二稿内容进行校对与统稿。感谢人民邮电出版社曹延延编辑在翻译、校对过程中的耐心沟通和专业指导。

译者团队虽然力求专业和准确，但由于能力有限，在翻译过程中难免有不足之处，敬请各位读者批评指正。wjphh@bnu.edu.cn 是我的邮箱，如有意见欢迎不吝赐教，谢谢！

王建平

2022 年 10 月

· 致 谢 ·

我想感谢我的导师们，亚伦·T. 贝克博士，盖伊·S. 戴蒙德（Guy S. Diamond）博士，以及飞利浦·C. 肯德尔（Philip C. Kendall）博士，对我在专业道路上的指导和支持，这个过程是非常有意义的、充实的并且安定的。我一直很感激我的父母特雷弗（Trevor）和凯瑟琳·韦斯（Cathryn Weiss）给予我的爱和支持。最后，感谢我儿子杰里米·克里德（Jeremy Creed）给予我的爱和提出的建议，这一切很好地帮助我度过了工作中的瓶颈期。

——托里·A. 克里德（Torrey A. Creed）

我想对阿伦·贝克博士表示感谢，他是一位出色的合作者、临床督导师和导师。此外，我必须要感谢艾瑞卡·D. 柯里尔（Erika D. Curiel）一如既往的支持以及对我的爱，没有这些，我在这个项目上的工作就不可能完成。

——贾罗德·赖斯韦伯（Jarrod Reisweber）

我想把本书献给我的妻子、孩子、孙子以及曾孙们。

——亚伦·T. 贝克（Aaron T. Beck）

另外，我们对于费城行为健康和精神迟滞服务部与社区行为健康中心合作开展贝克倡议计划表示感谢，这是一个培训社区临床工作者进行认知疗法以预防和治疗各类问题和疾病的计划。这个计划和受训者们则是写这本书的灵感来源。特别是，我们要感谢亚瑟·C. 伊万斯（Arthur C. Evans）博士、盖尔·埃尔德松（Gail Edelsohn）博士、马克·福尔曼（Marc Forman）博士、J. 布赖斯·麦克劳林（J. Bryce McLaulin）博士以及里贾娜·杰索（Regina Xhezo）博士为社区精神健康的询证实践所做出的特别贡献。我们还要感谢费城弗兰克福德高中的沃伦·E. 史密斯卫星心理咨询中心（Warren E. Smith Satellite Clinic）的临床工作者和行政人员，以及位于宾夕法尼亚州普利茅斯米丁银泉—马丁路德高中（Silver Springs–Martin Luther School）的临床工作者和行政人员，感谢他们的宝贵意见。此外，我们还要感谢希思·霍奇（Heath Hodge）对本书的框架和提纲的贡献，这帮助我们弥补了心理学研究和实践之间的差距。

• 目 录 •

01

认知疗法概览

五十多年来，认知疗法（cognitive therapy，CT）不断被研究和完善，形成了一个对学生所患上的各类心理疾病和压力源有效的治疗模型。除了证明认知疗法有效的科学证据外，临床工作者和青少年也发现该模型非常有用。这些因素使大家越来越有兴趣学习如何与学校的心理健康专业人员分享认知疗法，从而为学生群体提供帮助。

认知疗法（或任何其他实证支持的疗法）领域的培训学校和社区心理健康专业人员是心理学界的最新焦点。迄今为止，大部分验证治疗有效性的研究是在实验室或者在其他设置了高度控制条件的场所中进行的。有批评者指出，尽管这类研究表明认知疗法和其他治疗方法在理想条件下（谨慎筛选被试，并且样本量较小）是有效的，但也没有足够的证据表明这些治疗方法会在"真实世界"中起效。因此，研究人员开始通过和社区心理健康中心、学校、医院和其他机构工作的临床工作者合作验证在这些环境下认知疗法是否有效。

为了缩短研究和心理健康服务之间的差距，我们写了本书。本书内容包含了实证研究结果以及临床经验，目的是为在学校环境中应用认知疗法的临床工作者提供一个可用的框架。我们也介绍了来自学校心理健康专业人员的反馈，以体现临床工作者在学校背景下与学生展开日常工作中所面临的独特挑战与回报。我们有意将本书内容的重点放在认知疗法的临床应用上，而不是模型背后的研究上。不过，对该类研究感兴趣的读者可以阅读本书的附录。

我们希望本书能面向在学校环境中与青少年一起工作的广大读者。这类专业人士的身份可能包括（但不限于）心理学家、社会工作者、临床心理学家、心理咨询师、心理健康支持工作者、教师和其他人员。我们选择"临床工作者"（或心理咨询师）指可能会使用我们在本书中描述的认知疗法技术在学校环境中与青少年一起工作的人。虽然这个词可能并不完全符合所有读者的不同角色，但我们的目标读者包括所有致力于帮助校园里的青少年的生活发生有意义变化的专业人员。

为了以一种对在学校环境工作的临床工作者有用的方式

呈现认知疗法，我们将从以下几个方面展开论述。

- 呈现四位青少年在面对各类学校中可能遇到的问题的案例，之后举例说明如何将认知疗法应用在学校的青少年群体中。

- 呈现通用的认知模型，之后对认知疗法常用的术语和概念进行讨论。

- 探索如何进行认知疗法的个案概念化，如何使用该个案概念化以选择针对学生所面临的问题的特定干预方法。

- 描述可用于学校环境中常见问题的特定认知疗法技术（包括认知和行为技术）。

- 讨论认知疗法的结构化，侧重于讨论认知疗法的结构化可以如何有效满足学校的需求。

- 探讨在学校环境中展开的咨询中的父母参与议题。

- 梳理在学校环境中开展咨询工作所面临的独特挑战和回报。

你可能会注意到，我们没有特别强调其他基本技能，比如与学生建立牢固的关系、表达共情或建立信任。这些技能在认知治疗中非常重要，就像它们在大多数其他治疗形式中一样。如果治疗中没有这些重要的组成部分，无论临床工作者选择和使用怎样的干预措施和技巧，来访者都不太可能做出有意义的改变。然而，这些技能并不是认知疗法所独有的。如果你是一位经验丰富的临床工作者，那么也许你已经掌握了这些技能。如果你正在接受成为一名临床工作者的培训，这些技能将是你在接受认知疗法培训之外的综合培训的一部分。因此，本书将仅侧重于介绍与认知模型相关的概念和技术，以及临床工作者与学生一起工作时需使用的认知干预技术。

人物介绍

以下四位青少年的故事是根据前来咨询过的高中生的真实案例改编而来的。然而，这些案例都不是某位学生的真实经历。我们构建了一些故事来说明我们在美国青少年中经常看到的一些问题和这些问题所

阿尔弗雷德（Alfred）、安加奈（Anjanae）、大卫（David）和米歇尔（Michele）的故事中呈现出了青少年在学校里可能会遇到的不同问题。我们将在整本书中关注对他们的治疗。

呈现出来的共性，以及我们在学校中见到的一些复杂案例。请仔细思考这些案例以及当你读到他们的故事时，你可能会以什么样的方式和他们一起工作。

阿尔弗雷德

迪尔曼（Dillman）教练因为阿尔弗雷德来找你。阿尔弗雷德是一位17岁的墨西哥裔美国学生，他面临着严重的学业问题，这已经使他身陷被摔跤队淘汰并失去申请大学奖学金资格的风险中。你听到其他学生说阿尔弗雷德最近在周末聚会中酗酒。迪尔曼在过去三年里一直是阿尔弗雷德的教练，因此非常了解他，迪尔曼为你提供了以下信息。

迪尔曼教练认为阿尔弗雷德是一个"交错了朋友的好孩子"。教练注意到，阿尔弗雷德过去常常是其他学生的好榜样，并且在摔跤练习中，总是对其他学生产生积极的影响。迪尔曼教练说："阿尔弗雷德有时会表现得咄咄逼人，但过去他能很好地及时克制自己。"但是，六周前阿尔弗雷德和另外一名摔跤手发生了肢体冲突，因此迪尔曼教练就让他退出了摔跤队。阿尔弗雷德也没再联系过教练或重返训练场。

后来，在联系阿尔弗雷德的老师后，迪尔曼教练才发现，自从那次后阿尔弗雷德就已经不去上课了，学习成绩也一落千丈。由于成绩很差，因此阿尔弗雷德现在没有资格参加田径运动了。教练表达了对阿尔弗雷德的失望，他记得阿尔弗雷德以前经常说体育是自己成长过程中"鱼跃龙门的门票"。

在接下来的一周，你听其他学生说阿尔弗雷德曾和"狗镇帮派"成员见面，该团伙说阿尔弗雷德最近常常在他们的地盘出没。你问教练是否知道这件事，他回答说这并不令人意外。阿尔弗雷德的父亲在他小时候就离开了家，他的母亲有严重的物质滥用问题，所以教练认为家里没有人能够正确指引阿尔弗雷德远离这些麻烦事。教练告诉你说："这个孩子认为他只有两种选择，那就是重回摔跤队或加入帮派。"

如果你有一位像阿尔弗雷德一样的学生，你会从哪里入手？你觉得是否还需要在见他之前收集其他信息？你打算在首次会谈中怎么做？你的咨询目标是什么？你会为了达到咨询目标做出哪些努力？你可以先记下来，等到后面具体讲阿尔弗雷德的案例时，再回过头来看。

安加奈

　　学校护士打电话到你办公室，要转介一名 18 岁、12 年级的非洲裔美国女孩，名叫安加奈。安加奈在过去一周的每一天都在护士办公室抱怨说感到恶心，护士给她做了妊娠测试，结果呈阳性，这个结果让安加奈目瞪口呆并感到心烦意乱，这就是护士进行转介的原因。

　　当安加奈来到你办公室时，你看到她痛苦地哭泣，并且表现得很紧张。在她停止哭泣并喘了口气后，你收集了一些背景信息。安加奈在学校成绩优异，GPA^① 有 3.7。然而，她却认为自己只是一名普通的学生。她说自己的成绩之所以没有达到她所期待的水平，是因为她在家很难抽出时间学习或做作业。作为家中最年长的孩子，安加奈在母亲上夜班时要照顾自己的弟弟妹妹。她很负责任，在吃完晚饭后，她要洗碗、打扫卫生、辅导每个人的功课，还要按时地让每个人洗澡、睡觉。完成这些任务后，她常常因为太累而无法有效地学习。当她终于要上床睡觉时，经常在床上辗转难眠长达 2 小时，因为她会担心自己的成绩、家庭以及她所在街区存在的暴力问题给她们所带来的安全隐患。她也害怕成为大家关注的焦点，如果要在课堂上做演讲，她通常在前一晚就会失眠。

安加奈与男友发生了过分亲昵的关系，她将其描述为这是现在生活中唯一为自己做的事。她坐在你的咨询室里，表达了自己对母亲的反应的恐惧、怀孕对她的高中和大学学业的影响，以及对男友听到怀孕的消息后是否会继续和她在一

---

① GPA（Grade Point Average）：平均学分绩点，是以学分与绩点作为衡量学生学习的量和质的计算单位。——译者注

起的担忧。

　　要是和安加奈工作，你会首先处理哪个议题？哪个议题（如果你觉得有的话）是你认为对她的长期健康发展来讲是重要的但又并不是当务之急？如果要在学校背景下开展工作，你又如何看待这些长期议题？

大卫

　　在某个星期四的一大早，你看到办公室门口有两名学生正在等你。一位 14 岁的白人女孩向你打招呼，她旁边坐着一位 14 岁的非洲裔美国男孩。他双手抱头，在你办公室门口弓着腰。女孩问是否可以和你聊聊。就在你走进办公室的同时，她说："有些人欺负大卫，我受不了了！"

然后，女孩描述道，有一群男孩在上学期间和放学后都一直针对大卫。她抱怨道："他们一直在骚扰大卫，这真的让他很伤心。"你转向大卫，问他们为什么骚扰他，但大卫保持沉默，直到那个女孩脱口而出："他们之所以骚扰大卫，是因为他有些'与众不同'。"你送女孩去上课，快速查看大卫的档案，发现他有被欺凌史，并且可以追溯到幼儿园。根据之前咨询师的记录，大卫还有学习障碍，这已经影响了他的自尊心。

几次会谈后，大卫慢慢开始信任你并告诉你："我从来都不够好，我从来没有合群过。"他详细介绍了他作为非裔美国人所遇到的困难，以及这如何导致他自记事时起就被排斥。他还说道他很难找到一个欣赏自己的人。

在最近的一次会谈中，你问大卫是否认为自己在学校里将自己的内心封闭起来，并且和朋友断绝了来往。他说自己在放学后很少和朋友出去，大部分时间都在睡觉。虽然这是大卫自上中学以来一直存在的问题，但最近情况变得更糟了。大卫说："基本上，我感觉自己与其他人完全不同。我没办法像他们那样做，我只想放弃这一切。"

那么，你将如何帮助大卫？你的工作目标是什么？你如何考虑文化对大卫的处境的影响？哪种干预措施可能最适合大卫？你将如何选择这些干预措施？

_____

_____

_____

_____

_____

_____

_____

_____

米歇尔

下午过半的时候，一位 16 岁的白人女孩走进了心理咨询中心，然后她擦去脸上的泪水。她问是否可以在咨询中心坐会儿，因为她在课堂上已经哭了 20 分钟。当你问她的名字时，她说自己叫米歇尔，但没有与你进行任何的眼神交流。你同意让她在咨询中心里坐几分钟，然后你就去完成和另一名学生的咨询工作。当你过 15 分钟后回来时，你发现米歇尔还坐在中心角落的椅子上哭泣。你有些担心，所以你请她到咨询室和你谈谈。

米歇尔一开始很难信任你或和你谈论她的事情，但在与你的几次会谈过程中，她最终透露自己非常抑郁。她很容易哭，并有进食障碍和睡眠问题，因此经常感到精疲力竭。在她感到最悲伤、最无助的时刻，米歇尔认为自杀是摆脱生活困境的唯一途径。当感到非常沮丧时，她有时会用刀片在大腿上割伤自己。这些伤口倒不足以威胁到她的生命安全，但会使她流血并留下疤痕。

米歇尔告诉你，她主要有两件事情让自己感到如此难过。首先，自 8 岁起到 11 岁，她母亲的男朋友一直在虐待她。当米歇尔把被虐待一事告诉了一位朋友后，这位朋友把这件事告诉了一个成年人，后者最终向米歇尔的母亲和警方报告了这件事。米歇尔母亲指责她试图"偷走"自己的男朋友，并且指责米歇尔导致自己不得不和男朋友分手。米歇尔因为自己和母亲之间的糟糕关系而难过，也对被虐待这件事很困惑。每当米歇尔非常伤心以致想自杀时，她就会想起这些事。

让米歇尔感到伤心的第二件事就是，尽管她的体重与身高处于平均水平，但她仍觉得自己是"一头肥猪"。米歇尔经历了试图不吃东西以减轻体重、饿到无法忍受的时候一次性吃下大量食物的循环。在吃了很多食物后，她又会非常沮丧，并告诉自己会永远胖下去，因为自己没有意志力，而且没有男孩会对自己感兴趣。从短期来看，这些想法使她非常沮丧，以致她经常划伤自己的大腿根部。米歇尔一直都在通过寻求男孩的关注，来确认自己是有吸引力的。她往往会与男孩发生过分亲昵的关系以获得关注。她这么做主要是为了确认男孩对自己是感兴趣的。然而，一旦男孩对她的兴趣并没有持续很长时间，她就会变得心烦意乱，并决心让自己挨饿以变得更有吸引力。不断陷入饥饿和暴饮暴食的循环，加上在男女交往中的失败挫折，常常让她感到非常悲伤和孤独。

在几门课中，米歇尔与她的"前男友们"都在场，这让她在课堂上就会想这些问题。一旦想到伤心的事情，她就会哭泣并且很难停下来。所以她问是否可以在她有这种感觉时来咨询室找你。

你会如何回应米歇尔说当她在课堂上开始哭泣时来你咨询室的请求？你将如何帮助米歇尔在她所身陷的负面循环中做出改变？你会从哪个议题开始着手处理？你会优先处理她的哪一种担忧？作为她的咨询师，你是否有将事实告知相关部门的义务？

_____

_____

_____

_____

_____

_____

案例梳理

阿尔弗雷德、安加奈、大卫和米歇尔面临着一些复杂的情况和担忧，这些情况和担忧可能会促使学生在学校寻求咨询。有些个人问题可能会引发心理障碍，而另一些问题则是由家庭、学校或其他生活中的磨难引起的。认知疗法有一个足够灵活的模型。因此临床工作者可以与这些学生中的任何一位一起工作时使用认知模型，以指导你所选择的干预措施和治疗方向。该模型还将帮助你回答我们在每个小结中提出的各种问题。在没有认知疗法指导干预决策的情况下，许多在认知疗法框架下得出的答案可能与你现在给出的答案相似。而当你从认知疗法的角度看待它们时，有些问题则可能会得到不同的答案。总体而言，认知模型将提供一个足够广泛的工作框架，以帮助临床工作者与学生一同面对存在的各种困难，并提供足够具体的指导，以有效满足青少年来访者的独特需求。

认知理论和认知模型

人们总是在思考他们周围的世界以及他们融入这个世界的方式，即使他们并不会经常意识到他们正在这样做。这些想法可能刚好达不到我们的意识层面，却会对我们的感受和

行为方式产生深远的影响。认知取向的咨询师在与学生一起
工作时，会将这些想法带到意识层面，以便学生能主动对它
们进行评估。这将有助于强化那些正确的或有帮助的想法，
而那些被扭曲的或无益的想法会被转化为有帮助的想法。关
注这些想法和影响这些想法的信念有助于让学生用更可取的
行为和感受的方式去思考。我们将介绍想法、感受和行为在
一个情境中相互作用的循环图，见图 1-1。我们将在后面的
章节中对这个概念进行更详细的解释。

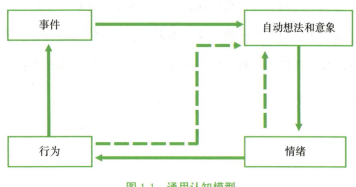

图 1-1　通用认知模型

在通用认知模型中，事件是循环的起始点（Beck，
1964）。事件几乎可以是任何事情，包括早上闹钟响起、一
个约会邀请或感到饥饿。一个事件引发了学生脑海中的某个
想法，该想法通常是无意并且是自动出现的。这个想法甚至

可能不会被学生注意到。接下来，这个想法引发了一种情绪反应；然后基于想法和所产生的情绪，行为就产生了。这种行为本身又可以成为引发想法的事件，然后使个体产生情绪和做出相应的行为，循环就这样持续下去。学生因为并没有意识到这个过程，所以可能会认为是事件本身引发了情绪（"这让我感到很生气"或"这让我真的很紧张"），并且认为自己没有办法改变对情境的这些反应。了解这个过程可以为我们提供一种改变循环的方法，以便我们可以对自己的反应做出选择。我们也可以在本书的附录1-1中找到这个模型。

为了更具体地检验这个过程，让我们用认知模型来理解米歇尔的情况。米歇尔在午餐时间来到食堂，经过一张坐了多位男孩的餐桌。当她路过时，他们都笑了起来。这个事件（当她经过餐桌时听到男孩们开始笑）在米歇尔头脑中引发了一系列想法。她对自己说："我知道他们在笑话我。他们觉得我穿着牛仔服就像一头肥猪一样，我就不该穿它们。另外，我敢打赌杰伊（Jay）告诉了他们和我交往过的事。他们也肯定认为我是个荡妇。"米歇尔的头脑中还有一些画面一闪而过，包括有关自己身体的歪曲意象或她亲吻杰伊的画面。米歇尔可能并未意识到这些想法和画面正掠过她的脑海。我们通常首先能注意到的就是情绪。只要一想到那些男孩们的笑声以及他们可能会讨论些什么，米歇尔就会感到非常伤心和尴尬。在头脑中出现负面想法和强烈的消极情绪后，米歇尔为了安慰自己，买了两份午餐并很快把它们吃完。米歇尔在整个过程中都独自一人坐着并感到非常伤心。暴饮暴食强化了这个循环，因为这强化了她无法控制饮食或体重的信念。独自吃午餐，而不是选择与同伴一起吃，这也强化了没有人想和她在一起的信念。米歇尔的这些信念以及她的伤心和尴尬促使她在周末找了一个男孩并与其随意地发生了过分亲昵的行为。她这么做主要是为了确认是有人会被她吸引的。随意地与男孩交往通常会导致她得不到男孩的尊重，这可能会进一步加强她认为自己不值得被爱的信念。这些被强化的信念可能会导致米歇尔继续退缩，变得越来越沮丧，并且为了安慰她自己可能会继续暴饮暴食，并形成最终对她有害的人际关系。如图 1-2 所示，这会促使形成一个持续性的自我强化系统，随着时间的推移，它会进一步与米歇尔对世界和自己的看法融为一体。

> 情境本身并不会引发我们的情绪，而是我们对情境的想法使我们产生了这些情绪。

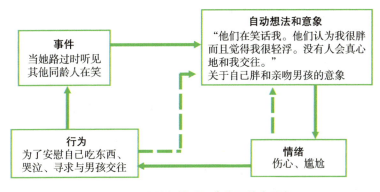

图 1-2　通用认知模型：食堂里的米歇尔

现在假设，在周一早上，你和米歇尔在进行会谈，她告诉你食堂里的男孩们在嘲笑她的故事。如果你使用的是认知疗法，米歇尔可能会学会识别她对自己所做的陈述，并探索和评估她对自己与他人及食物的关系的信念，在她情绪低落时使用放松或分心技术帮助自己平息情绪，然后使用应对技巧与同龄人更健康地互动。无论她尝试建立新的健康关系的具体结果如何，你和米歇尔都会获得新的信息，这会帮助她了解自己并做出改变。成功的应对难题会向她证明她对自己说的那些消极的想法并不完全正确，而失败应对可以让你们双方都了解她需要哪些更有效的应对技巧。

把这个案例再扩展些，假设米歇尔决定参加星期五的一个聚会。当她到达聚会地点时，她试图与她认为有吸引力的男孩亚历克斯（Alex）聊天。然而，亚历克斯从米歇尔身边走过时没有与她打招呼。我们可以回顾通用认知模型，这个事件（米歇尔没有被理睬）引发了米歇尔的一系列想法，然后是情绪和行为反应。然而，米歇尔可能有各种各样的想法。比如，她可能会这么想："我真是个失败者，而且还很胖。他不想和我有任何关系。我就应该待在家里。"这些想法可能会让米歇尔感到伤心，她很可能会退缩并与社会隔绝。她会认为吃东西能让她感觉好一些，发生性行为能让她获得安慰，她甚至可能会自伤。在另一种情况下，假设米歇尔和你一起工作后，学会了使用认知技巧。因此，当触发事件发生时，米歇尔对自己说："他可能只是没听到我的声音。此外，如果他确实听到了我的声音但选择忽视我，那是他的问题，也是他的损失。不管怎样，我为自己来参加聚会而不是坐在家里伤心和沮丧而感到自豪。"这些想法可能会导致米歇尔产生与第一种情况截然不同的感受，比如自尊感，也能使她愿意尝试与重视她的人建立联系。在上述两种情况中，初始事件是一样的，是米歇尔对事件的思考方式有所不同，才引发了两种截然不同的结果（见图1-3）。

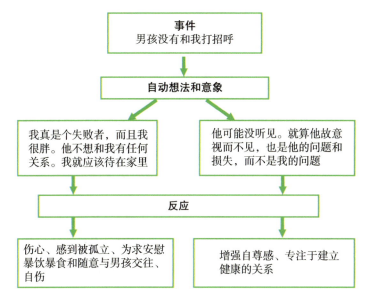

图1-3 通用认知模型：替代性想法

认知疗法使用认知模型来了解学生对自己、他人和世界的思考方式，了解这些想法如何影响学生的感受和行为，并确定哪些想法给他们的生活带来了困扰。然后，认知疗法使用各种为学生量身定制的策略来帮助他们调整想法，从而帮助学生减少困扰并增强自我的力量。

向学生介绍认知模型

认知疗法的独特点之一在于它非常透明。作为认知取向的咨询师，我们希望学生了解认知模型及其工作原理。我们会花时间与学生解释和讨论该模型。一些临床工作者会觉得这个想法很奇怪。毕竟，学生并不需要被训练成为一名临床工作者，对吧？但这种想法是错误的！我们的目标是让学生最终成为他们自己的咨询师，以便他们能探索和评估可能给他们带来问题的想法和信念。毕竟，我们都有可能会形成给我们带来问题的思维模式和潜在信念——这就是人类本能的一部分。学习如何处理这些想法和信念，使其不再妨碍我们，是一项可以真正使学生终身受益的技能。

我们可以通过多种方式向学生解释认知模型，但有一个简单的故事引起了许多参加过我们培训的临床工作者，以及与我们一起工作过的学生的很好的共鸣。我们将介绍这个故事，但请记住，这个故事只是一个例子。你可以根据学生的具体情况对这个故事进行改编。在介绍完过山车的故事后，我们将讨论如何改编它以满足你和学生的需求。

过山车的故事

去年夏天的某天，两个朋友决定去游乐园玩一天。玩了一两个小时后，他们来到了巨型过山车所在的区域。杰里米（Jeremy）跑去排队，特雷弗（Trevor）慢慢地跟在他后面。当他们排队等候时，他们看起来像……

> 讲述过山车的故事是帮助学生理解情境、想法和反应之间的联系的一种方式。

临床工作者可以画一幅画，或者将杂志上的类似照片剪下来或现场模仿等，来展示杰里米和特雷弗的情绪。图 1-4 就展现了其中一种方式。目的是表明杰里米看起来是开心的、兴奋的，而特雷弗看起来是害怕的。如图 1-4 所示，临床工作者先不要对情绪命名。

"你觉得杰里米有什么感受？"（引导学生说杰里米是兴奋的、开心的，等等。要确保帮助学生对情绪进行命名，而并非对想法进行命名，比如"我等不及了"。）

"你觉得特雷弗有什么样的感受？"（引导学生说特雷弗是害怕的、担忧的，等等。同样，帮助学生对情绪而非想法进行命名。）

杰里米　　　特雷弗

图 1-4　杰里米和特雷弗

　　"非常好！我觉得你是对的——杰里米对坐过山车是真的感到很开心，但特雷弗看起来一点也不开心。所以这点很有意思。很多学生在咨询开始时告诉我，他们生活中的某些事情让他们有某种感觉，就像过山车让杰里米兴奋，让特雷弗害怕一样。我想知道的是，同一个过山车怎么会让两个人有两种全然不同的感受？这可是同一个过山车！我想知道是过山车本身引发了他们的感觉，还是别的东西。现在让我们看看杰里米和特雷弗遇到的一些其他事情。在排队等候时杰里米对自己说了什么？特雷弗又对自己说了些什么？"

在此过程中我们是在探索每个男孩在看过山车时的（自动）想法。如果你画了杰里米和特雷弗，可以在他们每个人的头顶画一个思维泡泡，就像我们在动画片中看到的那样（见图1-5）。如果你在讲故事，你可以让学生扮演杰里米和特雷弗，并猜猜他们每个人的想法。这样做的目标是让学生识别出两种不同的想法。杰里米应该在想坐过山车的事情会进展顺利，而特雷弗则应该在想事情将变得很糟糕。

"我觉得你说对了。杰里米可能在自言自语地说这次坐过山车会有多有趣，而特雷弗可能会认为将发生一些非常糟糕的事情。特雷弗的脑海中可能会出现自己呕吐的画面，或者过山车从轨道上掉下来的画面。所以我猜……也许并不是过山车本身让他们产生了这些感受，而是他们思考的方式让他们产生了这些感受，你觉得这有可能吗？"

"所以现在让我们试着找出其他的方法。杰里米可以对特雷弗说些什么来帮助特雷弗对乘坐过山车的感觉变得好一点？"

在这个过程中，我们正在找任何可以帮助特雷弗应对他所担忧的建议，比如"会没事的，我和你坐在一起""虽然你现在感到很害怕，但你去年也坐过和这个类似的过山车，而且你还喜欢上了它""向自己证明你能做到吧"如果学生

提出一些会导致特雷弗回避过山车的建议（"你不必去。你
可以在那边等我"），这有助于特雷弗下一次更好地面对过山
车吗？还是会使他在下一次感到更害怕？但请记住，我们的
目标是让特雷弗对坐山车的感觉好一些。

图 1-5　杰里米和特雷弗的思维泡泡

　　"太好了！我想你是对的，如果杰里米告诉特雷弗他遇
到过比坐过山车更具有挑战性的事情，并最终为自己的勇敢
感到自豪，特雷弗可能会对坐过山车感觉好一些。我并不是
说他会突然喜欢坐过山车，但如果他不再告诉自己'情况将
会非常糟糕。我知道我肯定会吐的'而是说'我能应付得
了，坐过山车的过程只有 60 秒。'他可能会感觉好很多。"
　　"在我们将要一起完成的工作中，我们将从帮助你自己

尝试这样做开始。我们要看看你在不同情境下对自己说的话，以及这些想法如何让你做出反应。然后我们会看看你是否可以对自己说一些不同的话——比如杰里米对特雷弗说的——来帮助你在这些情境下感觉好一点。随着时间的推移，我们会看看你的想法中是否存在一些规律，然后努力改变那些对你不太有帮助的想法。你觉得这个计划听起来怎么样？"

上面这个例子只是向学生说明认知疗法工作原理的具体方式之一。你可以用两个人面对同样的事物却有不同感受的事情来举例子。你也可以充分发挥创意并使用学生喜欢（或讨厌）的事物，新闻或流行文化中的最新事件，不同类别的音乐或食物，或任何其他事物来举例。重要的是，学生能理解该模型。检验学生是否理解该模型的一个好方法是让对方讲一个类似过山车的故事。比如，两位青少年看到一只狗趴在角落里，一个人可能会感到害怕，另一个人可能是爱狗人士，并且对遛狗的想法感到高兴。看看学生能否说出一些开心的青少年会对害怕的青少年说的话，使这个情境更容易处理些。你还可以对年龄较大、更成熟或认知能力更强的学生解释此处描述的模型。不过，我们发现学生对比较有趣的过山车故事的反响良好。你可以借鉴你的临床判断找到一种使你和学生都能很好地理解该模型的方法。请在下面尝试写出一个新版"过山车故事",以引起你学生的注意和兴趣,并帮助他们理解认知模型。

_____

_____

_____

_____

_____

_____

_____

认知疗法的概念

深入了解认知疗法的主要概念,将有助于你为学生开始规划量身定制的干预策略。最重要的概念就是自动想法、中间信念、核心信念和补偿策略(Beck, Rush, Shaw & Emory, 1979)。这些概念之间是相互联系的,因为个体对一个术语的理解建立在对其他术语的理解之上。这些概念类似于一座冰山（见图1-6），与弗洛伊德对心理结构的描述没什么不同。这些包括情绪、行为和补偿策略在内的反应只是浮在水面上的冰山一角。我们可以毫不费力地观察到这些反应。自动想法就在海面之下，如果你知道朝哪个方向看，就很容易看到它们。中间信念在冰山的更深处，潜入水下的人才可以看到它们。核心信念则靠近海底，更难被发现。

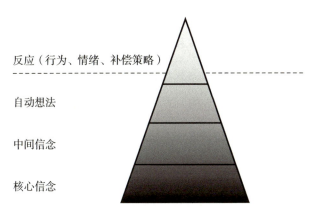

反应（行为、情绪、补偿策略）

自动想法

中间信念

核心信念

图1-6　认知疗法的主要概念之间的关系

自动想法和意象

在想法和信念的三级系统中，自动想法是最容易显现出来的。自动想法通常位于意识之下，通过一些练习，这些想法可以被带到意识层面。自动想法和意象是为响应外部事件而快速出现的、评价性的想法和意象（Beck et al.，1979）。这些自动想法和意象可能是积极的或消极的、有用的或无用的、准确的或不准确的。然而，自动想法通常被分为以下 3 种常见类别（Beck，1995）。

1. 消极的自动想法和意象通常代表一个人假设的最糟糕的情况。通常很少或没有证据能支持该假设。

2. 放任性的自动想法和意象是学生允许自己做某种行为或为自己所做的某种行为找理由而出现的想法，否则就会导致其产生内疚感或不适感。

3. 应对性的想法和意象可以帮助个体以一种健康的方式面对困境。

回顾之前的例子，听到男孩们在午饭时的笑声后，米歇尔产生的消极自动想法就是"我知道他们在嘲笑我。他们觉得我穿这条牛仔裤看起来就像一只肥猪一样，我就不该穿它！另外，我敢打赌杰伊告诉了那些男孩他和我交往过。他们也肯定认为我是个荡妇。"在她的脑海中，也出现了一个非常不讨人喜欢的自我形象：自己看起来没有吸引力，而且很胖。当她后来去参加聚会有个男孩没和她说话时，她下意识地产生的想法可能是消极的（"我真是个失败者，而且很胖。他不想和我有任何关系。我就应该待在家里"）或者是应对性的（"他可能没有听到我的话。如果他确实对我视而不见，那是他的问题，也是他的损失"）。表 1-1 列出了其他一些简短的自动想法。实际上，自动想法与个体本身及其所处的情境一样，是多变的。

表 1-1　自动想法

消极的	放任性的	应对性的
"我把一切都搞砸了。"	"这是我应得的！"	"我会尽自己最大的努力，这就够了。"
"他不想让我待在这里。"	"仅此一次……"	"我已经努力过了，我为此感到骄傲。"
"试了也没用。"	"我履行了自己的职责。如果他们没有做到，也不是我的错。"	"不管怎么样，我可以从中学到一些东西，如果需要的话我还可以再尝试。"
"她觉得我很傻。"	"其他人都是这样做的，所以我也可以这么做。"	"每个人都会犯错。"
"我做不到。"	"他们为此责备我，所以我最好还是这么做下去吧。"	"我可能会比预想中要做得好。"
"我不适合待在这里。"	"如果她不知道，我就不会伤害到她。"	"我可以处理这一切。"

这些快速反应和评价通常伴随着强烈的情绪、生理和／或行为反应。事实上，帮助学生开始识别自动想法和意象的一个好方法是让他们在有强烈反应时停下来问自己："我当时头脑中想的是什么？"（Beck，1995）思维记录表是一个能帮助学生识别自动想法的好方法，它还可以帮助学生了解与情境相关的想法和感受（Beck et al.，1979）。对临床工作者而言，完成自己的思维记录通常意味着以一种有趣且引人入胜的方式了解自动想法及其对我们反应的影响。我们将在第三章更详细地讨论记录思维的方法。

你能识别出自己的自动想法吗？记得在你有强烈情绪反应的情境中让自己保持冷静，问自己当时的情境是什么样的？那一刻你发现自己在想什么？如果你很难识别出自动想法，也不用担心。我们将在后面的章节中花更多的时间讨论自动想法。

认知错误

尽管有的自动想法可能是准确的，但高中生（以及其他各个年龄段的人）经常会出现常见的逻辑思维错误，从而导致自动想法不准确或给其带来负面影响。与没有情绪问题的人相比，在有情绪困扰或患有精神疾病的人中这些认知错误更常见（Beck，1976）。在与高中生一起工作时，这些认知错误可能被称为"思维陷阱"（thinking trap）。思维陷阱是青少年可能会经历的常见思维模式，它会导致有问题或无益的自动想法产生。表 1-2 列出了青少年可能会遇到的一些常见思维陷阱。我们可以在本书的附录 1-2 中找到空白的思维陷阱工作表。识别究竟出现了哪些认知错误并不是咨询的主要焦点。相反，关键是要认识到想法背后的逻辑错误，因为这些错误表明想法可以被探查到并且可以变得更有益处。

表 1-2　思维陷阱

重复	认为如果某件事发生过一次，它就会以同样的方式重复发生
"都是我的错"	为发生的坏事责备你自己，即便它们实际上与你毫无关系
悲观主义	认为事情总是会变得最坏
选择性视角	看不到情况好的一面，而是只看到可能发生的危险或不好的部分

（续表）

忽视证据	只看到最坏的情况将要发生的证据，而不是查看所有证据后判断到底会发生什么
过早地下结论	在了解有关情境的所有事实之前就得出结论
读心者	消极地读取他人内心的想法——比如，在没有任何证据的情况下断定某人对你有不好的看法
应该	"应该"式的思维方式——"我应该和每个跟我作对的人都打一架"或"我永远都不应该生气"
水晶球	预测未来会发生什么，认为事情可能会变糟糕
完美灾难	认为某件事如果不完美，就是失败的

你的想法中有以上这些思维陷阱吗？是哪一些？

_____

_____

_____

你的学生们最容易经历的思维陷阱有哪些？

_____

_____

_____

但这名学生的自动想法是真的！

正如我们在上文中提到的，并非所有的自动想法都是错误的或存在思维陷阱。有时自动想法也可能是真实的、有帮助的。比如，阿尔弗雷德可能经常对自己说："我是一个有天赋的摔跤手。摔跤可能是能让'鱼跃龙门'的门票。"这个想法很有帮助，而且很可能是准确的，所以作为临床工作者，我们不需要帮助他调整该想法。另外，大卫可能会想，"我的学习障碍意味着我的阅读速度永远不会像其他人一样快，这说明我很愚蠢"。这类想法可能会导致大卫产生悲伤和沮丧的情绪。这种想法的某一部分可能是准确的，但它似乎让他感觉很糟糕，特别是这让他得出他是愚蠢的结论。刚开始学习认知疗法的临床工作者通常很难弄清楚当学生的想法是真实的时候该怎么做（因为挑战它不会有效或不现实），但这些想法也会妨碍学生，就像大卫的情况一样。在介绍干预的章节中，我们将讨论认知和行为策略，以帮助学生处理可能准确但对他们没有帮助的想法。

潜在信念

我们的自动想法实际上是我们在表达对自己、他人和周围世界的信念。这些潜在信念可以作

潜在信念是我们理解自己、他人和世界的方式。自动想法则是由潜在信念引发的快速形成的、评价性的想法。

为我们看待世界的"镜头",为我们解释事件或期望事情发生的方式赋予不同的色彩(Beck et al., 1979)。潜在信念通常是由我们的基因和早期生活经历之间相互作用而形成的。此时,我们也在发展我们对自己是谁以及世界如何运作的认知。潜在信念有两个水平:中间信念和核心信念。但是,我们很难将中间信念和核心信念分开,而且在学校环境中,你可能没有足够的时间与学生进行如此详细的工作。因此,我们将在本章和第二章中分开讲述中间信念和核心信念,以供临床工作者学习和思考,但在与学生工作时,你可以选择将中间信念和核心信念统称为"潜在信念"。

中间信念是位于自动想法之下的中级信念(Beck et al., 1979)。当你与学生一起追踪他/她的自动想法时,这些自动想法中出现的模式或共同线索将指向他们的中间信念。中间信念可以被认为是被学生内化的、关于世界如何运作的"规则"。这些规则通常被构建为"如果 – 那么"(if-then)的语句,学生相信如果发生一件事,那么将引发特定的结果(可能是正面的或负面的)。比如,如果我们探索米歇尔的自动想法和行为,我们可以开始对她的中间信念做出有根据的猜测。她认为,"如果我和那个男孩交往,那说明他喜欢我""如果男孩不喜欢我，那我就一文不值"。基于这些想法，我们可以很好地猜测：她认为（1）她作为年轻女性的价值基于男性的认可，以及（2）与他们交往是获得这种认可的好方法。作为临床工作者，我们可以温和地与学生核对这些假设。随着时间的推移，对自动想法的工作将指向学生的中间信念。我们第一个有根据的猜测可能不正确，但在我们与学生分享彼此的想法后，我们可以一起探索可能存在的中间信念，看看它是否符合学生看待世界的方式。与自动想法一样，这些中间信念可能是真实的和有帮助的，也可能是真实的但不是很有帮助的，或者是不真实的。我们将对不真实的或无益的想法使用认知和行为策略帮助学生检验这些中间信念，并将它们转变为更有帮助的想法。我们将在介绍干预的章节中讨论这样做的方法。

核心信念是我们如何看待自己、他人和世界的基础（Beck et al.，1979）。这些僵化和绝对化的信念通常是在童年时期且基于我们的经验形成的。比如，反复让一个孩子做一些超出其能力范围的任务或事情，可能会让孩子产生自己能力不足的信念。一个想要引起他人的注意但反复被忽视的孩子可能会相信自己是不可爱的。一些核心信念可能直接或间接地由学生的家庭塑造而成，这甚至会影响几代人。比如，父亲的信念可能会影响他与妻子及孩子的互动方式。孩子们在观察父母在婚姻中的互动以及父亲对待自己的行为方式时，会逐渐形成自己的信念。孩子们的信念可能会直接（"永远不要依赖任何人！"）或间接（观察到暴力循环）形成。家庭中的每个兄弟姐妹也可能会根据自己在家庭内外的独特经历，各自形成一套不同的信念。这些信念互不相同，也有别于父母的信念。在第二章，我们将讨论识别和理解核心信念的方法；在第三章和第四章，我们将介绍调整核心信念的干预技术。

补偿策略

学生会形成一套策略或行为模式，从而应对他们的潜在信念并按照他们的"规则"生活。观察学生如何应对这些信念可以帮助你和学生了解其中一些想法和行为是如何形成的。

补偿策略通常有三类：维持型策略、对抗型策略和回避型策略（Beck，1995）。维持型策略支持他们的核心信念。

对抗型策略试图证明核心信念是错误的。回避型策略是学生试图完全不激活核心信念的方式。学生可以使用不止一种补偿策略来管理他们的核心信念。比如，在图1-7中，这名学生可以通过运用其中任何一种补偿策略处理其核心信念。

核心信念
"我是个失败者。"

维持型策略	**对抗型策略**	**回避型策略**
"我会为了完成某项任务（如演讲或考试）做过多准备，因为我太失败了，所以我需要比别人做更多。我从不挑战我的信念，因此我一直相信它。"	"我会尝试挑战新事物。我试图证明我的信念是错误的，这是我在某些情境下的行为准则。"	"我避免挑战任何看似困难的任务。如果我从不面对任何挑战，我就永远不必去验证我是否真的是个失败者。"

图1-7　补偿策略示例

比如，米歇尔的中间信念（"如果男孩们不喜欢我，我就是一个没有价值的人"）和核心信念（"我不可爱"）导致她不断寻求男孩的关注。她的策略是与男孩随意地交往，以获得他们的关注和认可。她相信，得到这份认可，就意味着她并不是一文不值的。此外，她认为让男孩被她的身体所吸引，就意味着她并不像自己所担心的那样没有吸引力。这种寻求确认（她并非一文不值或毫无吸引力）的行为与米歇尔的核心信念（她非常不可爱）以及她关于如何管理该核心信念的中间信念有关。米歇尔使用了哪些类型的补偿策略呢？

_____

_____

_____

_____

　　遗憾的是，米歇尔的策略存在重大缺陷。她并没有通过某些行为得到认可和关注，而是男孩们经常在与她交往后就不理她了。基于潜在信念，米歇尔将这种反应解释为拒绝。首先，她将拒绝视为她一文不值和不可爱的信号。其次，她将拒绝视为她是一头没有吸引力的"肥猪"的证据。这些解释塑造了一套新的策略，其中包括通过忍受饥饿和暴饮暴食来控制她的体重。这些解释也导致米歇尔的伤心和绝望的感觉更加强烈，并强化了她的潜在信念。

　　了解这些行为或补偿策略的形成方式和原因有助于更清楚地了解学生如何理解和应对他们对世界的看法。学生们可以发展出一些新的行为方式来应对这些信念，从而避免给自己带来问题或继续强化无益的信念。由此，你就可以根据对每位学生的了解选择干预策略。

在这个阶段，有些想法可能看起来非常复杂和抽象。对此你的大脑中出现了什么自动想法吗？不用纠结这些部分具体是如何组合在一起使认知疗法起作用的。相反，将本章概述视为你即将学习本书其余章节并进行练习的内容介绍。你在一开始接触认知取向的咨询方法时可能感觉它很复杂，但是当你读完本书后，就会熟悉这些概念，并且学会如何灵活地将它们应用到你的学生身上。

在学校背景下认知疗法所带来的改变程度

如你所知，在学校环境中为学生提供咨询的许多方面与传统的门诊治疗不同。学校咨询的独特性所带来的影响将贯穿全书，并且是第五章的重点。学校咨询的特别重要的一个特点就是学生或临床工作者可能会预期从会谈中获得的改变程度。比如，像安加奈这样的学生可能来接受咨询以解决她眼前紧迫的问题。她和咨询师对如何优先处理她当下的非紧迫问题（完美主义、担忧、以养育者的角色照顾弟弟妹妹）可能有不同的想法。一些学校咨询中心的政策或预期会有所不同，比如，学生可以接受多长时间的咨询，或适合在学校接受心理咨询的主题种类。学生们在谈论重大问题时的开放程度即他们在多大程度上意识到可以在更大范围内进行改变，以及他们想法的复杂性等方面会有所不同。此外，临床工作者对更深层次变化的适应程度、他们可以在个别案例上投入时间的多少，以及他们如何看待自己的角色也会有所不同。

咨询中心、临床工作者和学生之间的这些差异可能会导致咨询重心有所不同。部分咨询可能更关注学生的行为、想法和情绪的改变，以解决学生当前的问题。有些咨询会导致学生的改变程度更大一些，比如学生如何看待自己或他人及世界的方面可能有重大的改变。认知疗法对这两个层面的改变有较大影响，但在大多数临床工作者可用咨询时间有限的情况下，从一开始就清楚地了解咨询目标是很重要的。

回到安加奈的例子，在这个案例中她的眼前和长期的担忧都可能是咨询的重点。着眼于当下，安加奈背负巨大压力的这个问题急需处理。她需要做出一些决定，然后承担这些决定所带来的结果。她也有一些没那么急需解决但的确对她的当前功能造成了干扰的问题，包括她在家中承担的众多责任、她的学习成绩以及她对家庭可能遭遇安全威胁的担忧等。如果我们再深入挖掘则会发现，安加奈对自己和她周围世界的核心信念可能也会引发她目前的一些担忧。比如，探索她关于完美主义的想法可能对她有帮助。作为一名 GPA有 3.7 分的学生，在面对其他众多责任时，她只将自己描述为一名"普通学生"是什么意思？另一个需要探索的议题则是她选择照顾好自己的方式。她还将与男友过分亲昵描述为能为自己做的唯一积极的事情，并且现在还担心怀孕对她的学业规划和人际关系带来的影响。她在家里也承担了很多责任，以致她以牺牲自己的需求为代价来照顾他人。这些行为表明了什么？表明安加奈相信她就是自己认为的那种人吗？表明她就该得到这样的结果吗？

　　像其他学生一样，安加奈有许多复杂的但可以在咨询中解决的问题。作为她的心理咨询师，你所面临的一个挑战则是选择从哪里开始，从长远来看咨询目标是什么，以及在此过程中要解决的问题。为了能处理这些复杂的问题，我们建议用这两种主要的方式来指导设置咨询目标。咨询可能将目标锚定（anchor）在想法和行为模式的改变上，或者针对潜在信念的、更深层次的改变。我们并不是建议任何咨询都只限于这两个目标中的其中一个。相反，清楚你和学生的意愿将有助于指导你选择何种干预措施，并为你提供咨询的总体方向。但是，在这个过程中，你的工作可能会涉及两方面（思维 / 行为模式和深层次信念），选择干预的切入点只是为了决定咨询重点是什么。你在做这种选择时应该以学生的目标和想要解决问题的优先等级、咨询师可用于干预学生的时间和资源、学生的认知复杂程度和其他重要因素为指导依据。表 1-3 列出了其中一些决策点。请注意，咨询目标的定义范围可能取决于影响特定学校的当地法律法规。因此，与任何类型的咨询一样，请务必始终在你所处的特定环境的法律和道德准则范围内进行操作。

　　在整本书中，我们会定期根据咨询是针对潜在信念还是

针对妨碍学生目标的思维
和／或行为模式提出不同
的方法。这些建议将帮助
你在与不同学生工作时进
行调整，以满足不同学

> 将咨询目标锚定在对思维
> 和行为模式的改变上，或者更
> 深层次的潜在信念的改变上，
> 有助于确定咨询的重点。

生的需求。同样重要的是要记住咨询通常不应只将重点放在
改变思维和行为上，从而导致忽略核心信念，反之亦然。相
反，你和学生将清楚地知道咨询目标并专注于该方向，使用
更开阔的视角使你的咨询工作朝着改变的方向发展。

表 1-3　锚定咨询目标的决策点

	思维和行为模式	潜在信念模式
学生的目标	聚焦在具体目标和行为层面	视角或模式上的改变
可利用的时间和资源	有限的	不太受限的
学生的认知发展	年幼的具象思维者，认知复杂度不高	能抽象地思考
学生的动机	处理眼前的问题	促进长期的改变

　　根据我们的经验，大多数在学校中的咨询案例都和学生
在当下遇到的问题有关，因为学生通常会到咨询室谈论他们
当前遇到的问题或者希望在咨询会谈中解决的担忧。比如，

如果阿尔弗雷德在因摔跤时打架被叫停练习的那一天就来找咨询师，他可能就会在咨询中谈论他对其他摔跤手和教练的愤怒，或者想办法去解决和他们的冲突。在大多数学校中，一名学生到咨询室就谈论她一文不值或无能为力的根深蒂固的信念是一件很少见的事情。而且在许多学校中，有较严重问题的学生会被认为转介给医院门诊治疗师可能更合适。然而，清楚且详细地了解认知模型如何才能与学生的问题相联系起来仍然是认知取向咨询成功的关键因素。

一旦了解如何将学生的想法、感受和行为融入认知模型中，你就可以利用该模型为接下来的咨询工作创建一个框架。当学生来到咨询会谈中讨论当天的问题时，这个模型（或个案概念化）会让你在每次的会谈之间建立连续性。比如，在使用第三章和第四章中介绍的干预策略来帮助学生解决问题或识别和挑战思维陷阱时，你还要考虑当前问题与个案概念化之间是什么关系。学生的想法、感受和行为模式对当前问题有什么影响？将学生眼下的问题与这种更宏观的理解联系起来，将有助于你选择针对潜在信念的干预策略，并帮助学生开始识别他/她自己的模式。这种方式可以帮助学生处理日常问题，也可以使咨询工作取得系统性的进展。你以这种方式使用个案概念化可以防止会谈仅仅变成一系列"解决问题"或"处理本周危机"的过程。

举个例子，如果你考虑用这种方法，该如何与大卫进行工作？以下是在第三次会谈结束时根据认知模型整理出来的简化版个案概念化。我们将在第二章讨论如何构建个案概念化，但现在，请思考以下信息。我们列出了大卫案例中对咨询工作特别重要的信息，以及我们与大卫都认同的核心和中间信念。在图 1-8 中，我们列出了两个大卫都有强烈反应且给他带来了问题或痛苦的情境。结合认知模型观察令人痛苦的情境对学生非常有帮助，因为他们试图了解自己的反应并努力做出更有帮助的反应。对大卫来说，最近发生的令人痛苦的事件包括大卫对一位朋友对他在学校的戏剧表演提出了建设性批评而产生了强烈反应。

当大卫来参加第四次咨询会谈时，他告诉你他最近与一位朋友的谈话内容，这位朋友在一次戏剧表演排练中给了他反馈。大卫听到这种反馈后非常沮丧，导致他听完后就离开了。他现在和戏剧导演的关系出现了问题，他很伤心，因为这场戏是他学校生活中的一个亮点。如果大卫带着这个故事来找你，但你还没有接受过认知疗法的训练，你会在咨询会

早期经历

大卫的父亲经常用含有贬义的词语称呼大卫
大卫不喜欢激烈的运动，因此总被批评
大卫经历了与学习障碍有关的瓶颈

潜在信念

"我没有价值。"（无能/无助）
"我把一切搞得一团糟。"（不可爱）
"如果我没说任何蠢话就好了。"
"不管做什么，我都应该要成功——如果没有成功的话，
我就是一个彻底的失败者。"

思维和感受模式

"我把一切都搞砸了。"——伤心

行为模式

早早地就离开了训练场

图 1-8 大卫的个案概念化（简化版）

谈中如何与他进行工作呢？

_____

_____

_____

_____

一些临床工作者可能会听到类似大卫的故事时，专注于共情并向他反馈，因为他们理解在想要努力做好的事情上获得负面反馈会让人多么难受。但是，在没有个案概念化的情况下，你真的明白为什么这对他来说这么难受吗？其他的临床工作者可能会尝试思考他对朋友给予的反馈的反应并理解朋友的意图。负面反馈是不是太刻薄了？会有帮助吗？它是一种羞辱吗？根据对这位朋友相关信息的了解，这些临床工作者可能会帮助大卫决定如何处理争论。（但是这两类临床工作者怎么才能真正弄清楚这个男孩的大脑里发生了什么？）还有其他的一些人可能会用其他方法来帮助大卫处理这个问题。当大卫下次再来咨询时，临床工作者到底会怎样帮助大卫？大卫还会因为被他的一位男性朋友所吸引而感到羞愧吗？如果没有认知模型和个案概念化，这些问题可能会变成一系列不连贯的、脱节的问题，而大卫的情况则也不会有任何进展。

现在再次想象大卫来咨询，并告诉你关于从朋友那里获得关于戏剧排练反馈的相同故事。然而，这一次，你可以从认知疗法的角度考虑大卫的问题。你想想你对大卫的了解，包括他的既往史，以及他对自己和世界的信念。你以共情的态度听他的故事，然后你们开始探索他对他朋友的反应。与其试图猜测他朋友评论的真正意思，或者让大卫继续猜测下去，不如问大卫他的朋友的评论是否符合大卫自己的信念，即他通常认为自己会把事情搞砸；他一旦犯了错误，就代表他失败了。这种探索将帮助你了解大卫对特定情境的反应，并帮助他了解生活模式如何与可能正确或不正确或有帮助的信念相关。大卫可以通过咨询缓解他的日常压力，并在有助于在做出持久改变的基础上更多地了解自己。

在接下来的章节中，我们将讨论如何与学生一起探讨这些问题，以便你对此有更深刻的理解。接下来，我们将学习如何选择和使用干预策略，以帮助学生在解决当前问题和更深层次水平上做出改变。

认知疗法结构的简介

认知疗法的特点之一就是咨询师每次咨询会谈都有可遵循的相同结构。第五章会详细描述该结构如何指导每次会谈。我们将简单介绍一下这个结构。如果没有理解第一章和第四章的知识，很多咨询师都会难以理解会谈结构化的原因或者该结构包含哪些成分。因此，我们首先将讨论更多关于认知模型和认知个案概念化所遵循的干预措施。一旦了解所有的结构化成分，我们就能将会谈结构当作一份整体安排计划，会涵盖学校咨询中通常发生的、相对较短的会谈（30分钟左右）中所有重要的会谈过程。

简而言之，你可以将会谈结构视为会谈的框架。在每次会谈中，你都能为不同的框架内容提供相应的细节。然而，每次会谈都会包含以下几个流程。

- 会谈前速测表——由学生在会谈前完成的工作表
- 检查
- 议程设置　　　　　　　　　约 5 分钟
- 讨论议程内容　　　　　　　约 20 分钟
- 总结和反馈
- 布置家庭作业　　　　　　　约 5 分钟

我们稍后将对这些结构成分一一做解释。目前，从该列表中获取的最重要信息就是，认知疗法的会谈结构在每次会谈中都是一致的。以上只是一个例子，可以帮助你和学生充分利用时间，以获得最大的进步和收获。

支持的证据

我们将在接下来每一章的结尾都回顾支持这些概念和技术的实证证据。在第一章,我们介绍了有效治疗广泛问题和疾病的认知疗法及认知模型。认知疗法和认知行为疗法(cognitive-behavioral therapy,CBT)是得到最广泛研究的心理疗法,如果要呈现所有支持这两种疗法疗效的研究工作,则远远要超出本书的撰写范围。

一些与认知疗法和认知行为疗法相关的研究的结果表明,认知行为疗法对有焦虑、抑郁和对立行为等问题的儿童和青少年是有效的。本书中的很多技术和概念是认知取向的临床工作者和研究人员在过去几十年中提出的。临床工作者在门诊、学校、住院部和其他精神卫生保健机构中经常使用本书中提出的技术和概念。

本章小结

认知模型是认知取向临床工作者如何思考和理解学生的担

忧以及可以选择何种方式促使学生做出改变的支柱。在这个模型中，想法、感受和行为都是相互联系的，一个事件或情境可以在它们之间引发连锁反应。认知取向临床工作者的主要工作就是和学生一起改变他们的想法、感受和行为。思维分为三个层次，从意识层面下的自动想法，到学生如何看待自己和世界的潜在信念（中间信念和核心信念）。学生则会使用补偿策略管理这些关于世界如何运作的潜在信念。认知取向临床工作者专注于不同层次的思维模式，以了解学生为何会如此思考以及产生特定的感受和做出特定的行动，并帮助学生做出积极的改变。然后，用更短期的、具体的或长期的、更广泛的视角来确定咨询目标。咨询工作可以达成短期目标和长期目标，但选择一个咨询重点将有助于临床工作者和学生实现咨询目标。认知疗法的会谈结构可使咨询变得更容易且有效地达成咨询目标。

读者练习活动：认知模型

理解认知模型对你和作为你咨询对象的学生来说都很重要。试着想一个类似于过山车的故事，然后运用一种有吸引力的方式向学生展示认知模型的原理。这个故事应当在即使是脱离了具体情境描述的情况下，也可以被理解（就像过山车或狗的故事一样），或者它可以代表更现实的东西（比如有两位学生在大厅里相撞——一位感到很生气，另一位则耸了耸肩表示不在乎）。

　　你会如何使用认知模型背后的原理来帮助学生以不同的方式思考他们每天面临的情境？努力帮助学生对每种情境都感觉良好，这现实吗？还是帮助他们对其中一些情境感觉良好会更现实些（比如，特雷弗能够坐过山车，但不一定喜欢它）？学生可能在面临什么样的情境时让自己感觉好一点可能是最佳目标？

02

第二章

认知疗法个案概念化

从心理上来讲，学生为什么会这样做

到目前为止，我们认为环境或情境本身并不会影响学生的感受。相反，是学生对情境的看法或思考方式引发了特定的情绪和行为。为了理解这一点，让我们来看看学生来找你时可能会出现的一些自动想法。下面是三位同学的想法，而这些想法可能会或不会被他们意识到。

学生1："心理咨询可能有用，但也可能会浪费时间。在做决定之前，我会先参加几次看看效果。"

学生2："和心理咨询师见面就是浪费时间。她不会理解我正在经历什么，还会让我不得不旷掉艺术课。"

学生 3："我真的需要帮助。咨询师曾帮助了艾米（Amy），所以她也可能会帮到我。"

看完这些后，你也许就能猜到每位学生可能会有不同的感受。你觉得他们各自会有怎样的感受？

学生 1：＿＿＿＿＿＿＿＿＿＿＿＿＿＿＿＿＿＿

学生 2：＿＿＿＿＿＿＿＿＿＿＿＿＿＿＿＿＿＿

学生 3：＿＿＿＿＿＿＿＿＿＿＿＿＿＿＿＿＿＿

基于他们的想法，你可能会猜测学生 1 对咨询感到好奇，学生 2 则感到厌烦，学生 3 对此是感到有兴趣的并且是兴奋的。正如我们在前文中所描述的，人们的想法直接与他们的感受相关，并且在头脑中自动出现的想法也和我们的中间信念和核心信念相关。因此，我们的中间信念和核心信念会影响我们的感受，我们可以用"**认知概念化**"（cognitive conceptualization）的框架结构理解这些潜在信念和随之产生的自动想法和补偿性行为。随着咨询师对学生的不断了解，个案概念化经常也会随着时间的流逝发生变化，正如学生也会对自身了解得越来越多，也会在咨询过程中发生改变。概念化代表的是咨询师目前对以下几个方面最好的理解：

- 导致信念形成或与信念相关的经历；

- 学生对自我、他人和世界的看法；

- 学生基于核心信念赖以生存的规则；

- 学生基于意识层面或者潜意识层面的更深层信念所形成的思维模式。

读了个案概念化的内容后，你是否发现自己有点焦虑或谨慎，并且在想："听起来我要做好多工作！我为什么需要它？"如果你产生了类似的想法，我们希望你能用一种开放的态度对待它们，比如"很明显，不管怎样，认知概念化是这个疗法中已被证实有效的方法之一，所以我会尝试一下"。你可能会发现这样的想法会将任何挫折感转变为好奇心或乐观的态度。如果你并没有成功转变想法，没关系，停在这里。我们将在后续章节讲授调整想法的技能，它们将对你和学生都适用！

> 临床工作者使用认知概念化将学生的背景信息、潜在信念、自动思维和补偿性策略综合起来组成一个框架结构。

在接着往下读之前，请花点时间先考虑一下你是如何理解正在向你咨询的学生的。你是否尝试了解他们是谁，为什么他们会这么想、这么做，以及是什么造成了他们目前的状态？如果你有这样做，你已经通过某种方式在进行认知疗法工作者常做的个案概念化了，非常好！本章所呈现的多数内容也许就和你在以往的咨询中做的一样。如果这种思考方式和你以往的咨询方法真的很不一样，我们也邀请你以这种概念化的方式思考你学生的问题，并思考你可以如何将认知疗法或者认知概念化融入和你学生的工作中去。

在理解学生的认知概念化后，认知取向的咨询师将能够针对影响学生实现目标的行为、思维模式或潜在信念进行工作。认知治疗可以帮助咨询师完成传统支持性治疗所不能做的一些事情，因为咨询师会将与学生的工作锚定在引起学生生活问题的特定思维模式或信念上。我们用术语"锚定"来传达一个事实，那就是全程咨询及每次和学生的咨询会谈，都将聚焦在咨询主题或你和学生想要改变的内容上。

对一些学生来说，你会将咨询锚定在帮助学生了解，并最终改变无益的想法和行为在他们社会功能中所扮演的角色上。然而，当学生有兴趣改变潜在信念并且有能力改变时，将会带来更持久的改变效果。你为他们带来的帮助不仅仅是改变无益的想法和行为，而是改变那些作为根基的潜在信念。这时，你要将每次咨询会谈的主题都锚定在那些和他们当前问题相关，并使他们远离目标的潜在信念上。学生的认知概念化将指导你确定合适的咨询方向及选择何种干预策略。认知治疗将目标锚定在行为、想法和／或潜在信念上，而且每次会谈之间都很有连贯性，咨询师和学生都会对将要改变的内容和要达到的目标形成清晰框架。本章讲的就是可以达到这个目标的认知概念化。我们将在第三章和第五章详细介绍如何将目标锚定在行为、思维模式和／或潜在信念的咨询计划上。图2-1介绍了该类咨询的会谈过程，目标是弄清楚行为、思维模式和／或潜在信念。

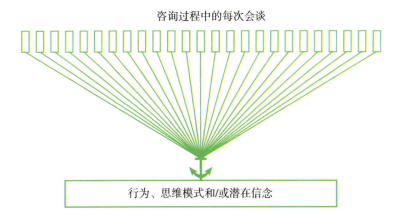

咨询过程中的每次会谈

行为、思维模式和/或潜在信念

图 2-1 认知治疗过程中的会谈

认知概念化

不管咨询会谈将目标锚定在学生的想法和行为上，还是更深层次的潜在信念上，通常大约在第三次会谈时，你会对学生的情况进行概念化。与传统的门诊咨询不同，我们发现认知取向的学校咨询师可能没有足够的时间与大多数的学生对潜在信念部分进行工作。即便你会谈的目标并不是潜在信念，但它对你理解学生为何有这样的想法或行为模式，以及信念如何影响想法和行为，仍然很重要。这会帮助你选择合适的干预策略，理解在什么时候哪些干预策略不会起到正面效果，以及理解学生为什么会这样做。

我们在第一章提到的对学生进行认知概念化的内容将贯穿本章。实际上，在第一章，你已经开始对大卫的认知概念化和信念进行工作了。我们接下来将会详细地阐述三级信念：核心信念、中间信念和自动思维。核心信念和中间信念就是学生的关于世界、自我以及需要如何做才能在这个世界上生存的潜在信念。在接下来的内容中，我们将首先分别介绍核心信念和中间信念；其次介绍它们如何组成潜在信念；最后介绍自动思维如何在潜在信念的作用下出现。

核心信念

　　核心信念是学生在生命早期就发展出来的基本信念。这些基本信念为他们后续将产生的信念和想法奠定了基础。核心信念很难改变，并且和每名学生的早期童年经历有着直接联系。这些有关自我的信念可以归纳为两类：无助或不可爱（Beck，Wright，Newman，& Liese，1993）。比如，如果一个小孩经常被安排完成一些对处于其年龄段的孩子来说很难完成的任务，她可能就会发展出自己很无助或无能的核心信念。如果一个小孩在寻求注意时总是被推开，那么他可能就会发展出自己不可爱的核心信念。相反，如果一个小孩在很多自己付出努力的事情上都体验到了成功和充满了力量，她可能就会发展出自己有能力适应环境的信念。一个被接纳的和被爱的小孩很可能会发展出自己是可爱的信念。

　　学生的很多核心信念可能是由家庭直接或间接地塑造而成的，而这种家庭影响可能会波及几代人。比如，有一个小女孩，她从小在一个充满虐待的家庭中长大。在家庭中伴随愤怒而产生的暴力可能会让小女孩认为愤怒是危险的。之后，只要她看到父母发火，她就会在行为上发展出一种应对模式，即每当别人在表达愤怒时她都会退缩，这是因为她出现了这样的自动想法，比如"我正处于危险中"。久而久之，作为保护自己的一种方式，她极有可能会回避所有可能产生愤怒情绪的人或情境。当小女孩长大成人并成为一名母亲时，当她的儿子生气时她就会回避，即便此时的愤怒是正常的且没有任何危险的。她的儿子发现只要自己表现得愤怒，母亲就会回避自己，然后他就有了这样的中间信念——"如果我表现得愤怒，大家就不会喜欢我"。信念可以通过这种方式悄无声息地进行代际传递，只是在传递过程中以不同的形式出现。当其他家庭成员的中间信念（认为愤怒是家庭纪律的一部分的父亲，用更强烈的愤怒应对其他人的愤怒情绪的姑姑等）也加入这个组合时，信念系统会变得非常复杂，并且会被深深地植根于我们的人格中。

其他起源于童年的信念不一定会代代相传，这往往是孩子的早年经历导致的。让我们来看看米歇尔的例子，她有这样的想法："没有男孩会真的关心我。"当我们试图根据她的成长史和我们在与她工作的前几次会谈中了解到的信息构建米歇尔的认知概念化时，我们可能会假设这些想法来自核心信念（她不可爱），并且与她的中间信念（性是唯一她能提供给别人的东西）有关。这些信念来源于非家庭成员在童年时期虐待米歇尔，而不是来源于代际传递的信念系统。当然，她的家人可能也有与性和虐待相关的信念，但米歇尔被虐待的经历可能是她发展出这些信念的最大因素。

正如自动思维和中间信念一样，核心信念也可以是（1）真的并且有帮助的；（2）真的但并不是很有帮助的；（3）不真实的。咨询的长期目标就是要建立并加强有帮助的核心信念，减少或调整无益的核心信念。因为核心信念在学生中根深蒂固（就像在任何其他人身上一样），并且因为它们是如此僵化并被个体坚信，所以调整核心信念可能是一个漫长的过程。我们将在第三章和第四章探索改变核心信念的干预策略。你是否通过这次讨论开始了解早期经历与核心信念之间的关系，而核心信念反过来又如何影响学生思考和与周围世界互动的方式？

中间信念

中间信念是个体通常不会表达出来的规则，因为它是学生所认为的世界运作的规则（Beck et al., 1979）。作为临床工作者，你可能会发现完全可以将核心信念视为学生所认为的关于世界和自我的"真理"，将中间信念视为他们应对"真理"的一种方式而存在的"规则"。然后，这些规则会指导学生尝试处理周围的事情。

　　中间信念是处在自动思维下面一层的信念。当你尝试帮助一名学生意识到他／她自己的自动思维时，这些自动思维呈现出来的模式或共同点就会指向他们的中间信念。中间信念可以被认为是学生内化的、有关世界如何运作的"规则"。这些规则经常以"如果……就……"的陈述句出现，学生认为如果某事发生，就会引发另一个特定的结果（可能是积极的或消极的）。

　　我们在第一章介绍这些概念时，分析了米歇尔的自动想法和行为，对她的中间信念做了一个有依据的假设，她会认为"如果我和那个男生交往，就意味着他喜欢我"而且"如果男生不喜欢我，我就没有任何价值"。基于这些想法，我们可以大胆猜测，她可能相信：（1）她作为年轻女性的价值是基于来自男性的认可；（2）和男性交往是获得认可的一种好方法；（3）和男性交往是她的身体有吸引力的一种信号。

补偿策略

　　基于学生对自我、世界和他人所持有的潜在信念，他们发展出了一系列补偿策略或行为来应对潜在信念，并依据这些世界"规则"而活着。这些补偿策略是那些有时难以发现的行为，处理起来可能会让人感到沮丧，因为它们看起来与逻辑相悖（Beck，1995）。你要记住的一个关键点是，这些行为可能与你的逻辑相悖（基于你自己的信念），但并不意味着行为背后没有逻辑。通常，当我们能停下来并基于学生的视角理解世界时，这些行为是有意义的。

　　就如我们在第一章提到的，补偿策略通常有 3 种：（1）维持型策略（支持核心信念的方法）；（2）对抗型策略（尝试证明核心信念是错误的方法）；（3）回避型策略（学生常用来不触发核心信念的方法）。学生可能会用至少一种补偿策略管理他们的核心信念。比如，图 2-2 总结了我们在第一章提到的米歇尔用过的补偿策略。

　　米歇尔的对抗型策略有一个明显的缺点。当男生与她发生过分亲昵的关系后就不理她时，她会将拒绝当作自己没有价值、不可爱、没有吸引力的证据。最终，她有关自我的潜在信

图 2-2　米歇尔的补偿策略

念就会被强化。你在米歇尔身上看到了什么样的维持型策略和回避型策略？这些策略或行为又可能会怎样影响她的信念？

维持型策略：_____

_____

_____

维持型策略如何影响信念：_____

_____

_____

回避型策略：_____

回避型策略如何影响信念：＿＿＿＿＿＿＿＿＿＿＿＿＿＿＿＿

作为她的咨询师，你会帮助她识别那些可能与米歇尔真正想要的不一致的行为。基于米歇尔的潜在信念，理解她如何以及为什么使用这些策略可以帮助我们建立一个更清楚的框架，即米歇尔如何理解这个世界，以及为什么她会做出这些行为。久而久之，认知咨询可以聚焦于那些应对这些信念的新策略和干预方法，而不会给学生带来问题或不会强化那些无益的信念。

> 个案概念化就是不断形成的有关学生的一幅图，它呈现了你在某个咨询节点对这名学生的理解。

现在让我们花点时间来看看图 2-3。这个个案概念化工作表列出了一些你在识别核心信念和中间信念时想要了解的问题，这样你就可以开始理解你的学生了。我们非常鼓励你在对每名学生进行咨询时，使用这个个案概念化图表（包括在本书末尾所呈现的、可重复使用的附录 2-1）。随着你们对

学生的想法和信念有了进一步了解，以及在咨询过程中的想
法和信念的变化，认知概念化也是会随之发生改变的。回顾
了第一章所讲述的米歇尔的故事后，我们在猜想你会如何填
写她那张认知概念化空表（见图 2-3）。请在你填完米歇尔的
表后，与我们填好的认知概念化表（见图 2-4）进行对比，
来看看你对米歇尔的看法是否与我们一致。

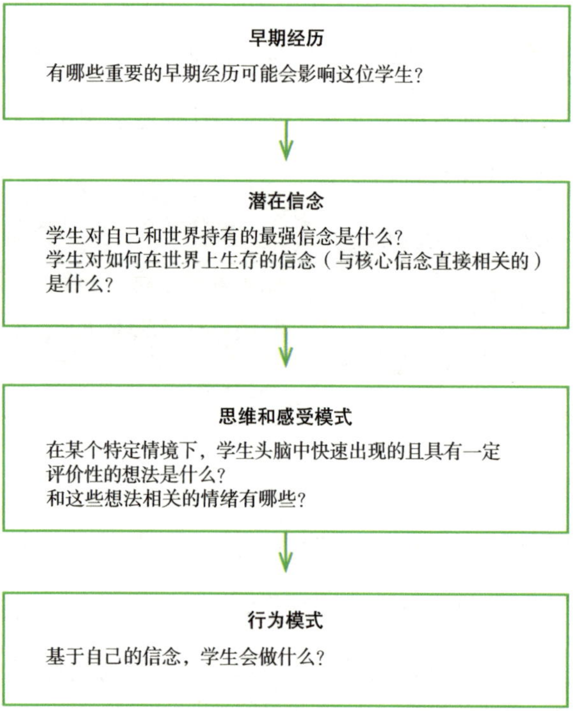

早期经历

有哪些重要的早期经历可能会影响这位学生？

潜在信念

学生对自己和世界持有的最强信念是什么？
学生对如何在世界上生存的信念（与核心信念直接相关的）
是什么？

思维和感受模式

在某个特定情境下，学生头脑中快速出现的且具有一定
评价性的想法是什么？
和这些想法相关的情绪有哪些？

行为模式

基于自己的信念，学生会做什么？

图 2-3　米歇尔的认知概念化工作表

早期经历

有哪些重要的早期经历可能会影响这位学生?
 童年时期遭受虐待
 被母亲责备及负面情绪被忽视

潜在信念

学生对自己和世界持有的最强信念是什么?
学生对如何在世界上生存的信念(与核心信念直接相关的)是什么?
 "我不可爱。"
 "如果我和男生发生过分亲昵的关系,就意味着他喜欢我。"

思维和感受模式

在某个特定情境下,学生头脑中快速出现的且具有一定评价性的想法是什么?
和这些想法相关的情绪有哪些?
 "没人会注意我。"——伤心

行为模式

基于自己的信念,学生会做什么?
 在学校里和男生发生过分亲昵的关系

图 2-4 米歇尔的认知概念化

将认知概念化进行简化

我们和高中生工作的经验表明，大多数咨询师没有时间帮学生了解潜在信念为其带来的影响。但是，当咨询目标锚定在改变潜在信念上时，尝试向学生解释中间信念和核心信念的区别并不总是有用的或有必要的。作为一名合格的认知取向的咨询师，理解这些概念之间的区别对你来说很重要，即便你并不会把这些概念的区别告知学生。因此，我们将分别介绍核心信念和中间信念，这样你就可以理解它们各自起到的独特作用。但是，当你准备和学生工作并将咨询目标锚定在改变信念上时，我们鼓励你将这两个概念合起来，用潜在信念进行解释。图2-5中就是一个我们会和米歇尔分享的、简化版的认知概念化。虽然一个详细的认知概念化对咨询计划来说很重要，但是简化版可以帮助我们以一种容易理解的方式和米歇尔谈论那些影响她实现自己目标的早期经历和潜在信念。

和学生分享个案概念化内容是一种检查学生对自己的想法和信念的理解程度的重要方法。

在对信念的解释上，我们建议在会谈前，你

图 2-5　向米歇尔呈现的认知概念化

先把完整版的概念化写下来，可以指导你与学生填写简化版的潜在信念概念化。你可以把完整版的认知概念化牢记于心，用来指导你选择恰当的会谈方向和干预策略，不过没有必要向学生展示。当你和学生填完概念化图表时，有一点很重要，那就是要将你原来归纳的概念化内容与你和学生一起工作后你们都认同的部分进行对比。这将会帮助你看到是否需要对你原本的认知概念化假设进行调整，并且在某些案例中，还可以看到学生们为了看到真实的自我做了多大努力。

使用认知概念化

你对学生最初的认知概念化是在前三次咨询会谈中逐渐形成的，你可以把它当作一个工作假设。随着每次咨询会谈的深入，这个假设或有根据的推测会受到临床工作者的质疑，并且随着临床工作者和学生了解到更多有关学生对世界和对自己的看法时，认知概念化还会发生改变。随着咨询的进行，认知概念化也会因为学生的思维模式和潜在信念发生变化而不断被完善。

在学生的行为和思维模式发生改变之前，他们的潜在信念不太可能在咨询早期发生变化。因此，大多数与高中生工作的前期咨询通常都会聚焦在改变他们的想法和行为上。但是，聚焦于对想法和行为的改变并不影响对潜在信念的改变。事实上，当你们将咨询会谈目标锚定在潜在信念的改变上时，这种改变通常会因为对与潜在信念息息相关的想法和行为的调整而发生。与锚定在潜在信念上的咨询不同，锚定在行为和思维模式上的咨询中，学生和临床工作者会一起回顾认知概念化以及潜在信念的变化会如何影响学生。无论咨询目标是什么，当你和学生一起努力寻找更准确和有益的想法和行为，并且学生学会持续使用这些有用的想法和行为技能时，核心信念将发生整体性的改变。

让我们再把认知概念化用到大卫身上，他是我们之前介绍过的另外一位学生。大卫在美国南方一个教徒家庭中长大，家里重视典型的性别行为，学习成绩好、会运动被视作衡量他和兄弟们的标准。大卫自记事时起，就在学业中面临一些困难，最近还被诊断出患有学习障碍。与其家庭所倡导的规范不同，大卫从不参加体育运动。现在正在读高中的大卫去上课的时间越来越少。你从其他学生那里听到，大卫认为"所有人都讨厌他"，而且他认为自己和同龄人合不来。

在继续往下读之前，请花点时间回顾之前介绍过的有关大卫的情况，想想你会怎样理解他，又会以何种方式开始咨询。同时，试着尽可能地把你已经了解到的信息结合起来。当你已经了解到你将如何理解他以及你将如何进行咨询时，请尝试完成初步的认知概念化（见图 2-6）。

早期经历
有哪些重要的早期经历可能会影响这位学生？

潜在信念
学生对自己和世界持有的最强信念是什么？
学生对如何在世界上生存的（与核心信念直接相关的）信念是什么？

思维和感受模式
在某个特定情境下，学生头脑中快速出现的具有一定评价性的想法是什么？
和这些想法相关的情绪有哪些？

行为模式
基于自己的信念，学生会做什么？

图 2-6　大卫的认知概念化空表

一开始你是如何理解大卫的，你认为他为什么会有这些困难？

_____

_____

_____

_____

当试着去理解大卫时，你会考虑哪些信息？

_____

_____

_____

_____

_____

你会如何帮助大卫解决他的心理问题？

_____

_____

_____

_____

_____

你认为在咨询中，有哪些因素可能会或不会对大卫起作用？

_____

_____

_____

_____

读完接下来的内容后，再来看看你最初定的咨询方案和认知概念化，并思考一下你所考虑运用的咨询方法和概念化与我们运用的方法之间的区别。我们和大卫见过几次后阅读了他的档案，也从其他同事那里收集了他的背景信息，我们对他有关自我的潜在信念以及这些信念如何影响他的生活有了一个强有力的假设。大卫可能没有意识到他的潜在信念，但我们在咨询中和他交谈时很容易理解他的自动思维。当我们看到一位好心的同学在课堂上向大卫提供有建设性的反馈时，我们假设存在的一些证据就出现了。在其他的类似情况下，我们注意到大卫将有建设性的反馈解释为对自己的负面攻击。

让我们来看看图 2-7，它将核心信念和中间信念分开了。在本书末尾的附录 2-1 中，有基于贝克的认知概念化空表。你可以参考这个表写你学生的概念化。图 2-7 呈现的是第七次会谈后形成的个案概念化。更早期的概念化在第一章（图 1-8）中就呈现了，但正如你所看到的，随着我们对大卫有更多的了解，个案概念化也被不断完善。在概念化中，大卫有诸如"我是个白痴"这样的核心信念，而这来源于他在其父亲眼中不够优秀。你是否也有类似的概念化？我们希望你在认知概念化的早期经历和中间信念中加入类似这样的信息。

早期经历

有哪些重要的早期经历可能会影响这位学生？

　　大卫父亲对大卫的看法"很糟糕"

　　大卫不喜欢运动，因此经常受到批评

　　在学校和运动中取得成功会受到重视，也是自我价值的评判标准

　　大卫因为学习障碍有过学习困难的经历

潜在信念

学生对自己和世界持有的最强信念是什么？
学生对如何在世界上生存的（与核心信念直接相关的）信念是什么？

　　"我没有价值。"（不可爱）

　　"我是个白痴。"（无能/无助）

　　"我把一切都搞砸了。"（不可爱）

　　"如果我不说一些愚蠢的话就好了。"

　　"我不管做什么，都应该成功，否则我就是一个彻头彻尾的失败者。"

　　"只有让每个人都喜欢我，我才是优秀的。"

思维和感受模式

在某个特定情境下，学生的头脑中快速出现的具有一定评价性的想法是什么？和这些想法相关的情绪有哪些？

　　"我把一切都搞砸了。"（伤心）

　　"我是个怪胎。"（伤心）

行为模式

基于自己的信念，学生会做什么？

　　回避同伴

　　放弃学业

　　非常努力地取悦他人

图 2-7　大卫的认知概念化

图 2-7 中的个案概念化是基于咨询师和大卫的谈话内容，从学校其他同事那里收集到的信息，以及从他以前的咨询师那里获得的个案信息。个案概念化中的部分信息可能准确描述了大卫的真实想法和信念，但可能咨询师在完成概念化过程时也犯了一些错。毕竟，临床工作者不会读心术，所以临床判断只是被用来做出有根据的猜测（工作假设），从而形成认知概念化。

随着大卫咨询工作的深入，咨询师可能会发现概念化应该包含一些新的因素或需要对已存在的内容进行微调。我们会发现在与学生一起工作的情况下，这些变化都在意料之中，因此随着时间的推移，概念化应该不断完善，并且能更好地代表咨询师对学生的理解。如果咨询目标锚定为潜在信念，大卫和他的咨询师可以将他们修改后的认知概念化作为理解大卫对新的和正在进行的情况的反应框架。

自动思维：为了揭示潜在信念

正如我们在第一章提到的，自动思维是处于意识加工层面的想法。虽然本章大部分内容都在描述自动思维的来源——潜在信念，但是挑战和调整自动思维将是你和高中生工作过程中的重点。为了了解自动思维和核心信念及中间信念的关联，请看图 2-8。

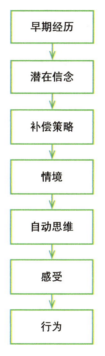

图 2-8　影响自动思维的认知概念化

图 2-8 展示了潜在信念如何影响学生对情境的看法。对咨询目标是改变潜在信念的学生来说，图 2-8 有助于他们理

解自己的想法是如何与潜在信念相联系的，并通过他们生活
中的例子指导他们。下面的对话片段发生在第十次咨询会谈
中，呈现的是咨询师尝试向大卫解释他的潜在信念如何与他
的问题相关。请记住，在真实咨询中，会谈不太可能进行得
如此顺利或者学生可能无法给出这么"理想的"答案。但
是，为了具体展示临床工作者和学生一起了解信念如何在生
活中发挥作用的方法，我们呈现了下面这段简化版的对话。
在真实的咨询会谈中，你的目标是让学生得出相同的结论，
但过程可能会慢些。

- 咨询师：大卫，我们已经咨询过几次了，我发现了一
  些模式。昨天，你朋友吉米（Jimmy）说你在戏剧排
  练时好像心不在焉，你听后感到很伤心，因此早早离
  开了排练场。

- 大卫：是的，我感觉很糟糕，我觉得自己把一切都搞
  砸了。

- 咨询师：我感觉你真的很受伤，而且我很高兴你能识
  别出伴随这些情绪的想法——"我把一切都搞砸了"。
  我注意到一个模式，那就是你很快就会对自己失望。
  你甚至在学习成绩不佳时逃过几次课。在我们谈到那

些问题时，你会记得"我是个白痴"或"尝试没有用"之类的想法在脑海中浮现。

- 大卫：我知道……我总会这样。

- 咨询师：是的，你总是贬低你自己，并且专注于某个评价或分数，却忘了你在许多课程中都表现出色，并且在即将演出的戏剧中扮演主角的事实。经常有那些消极的想法一定让你很难受吧？

- 大卫：我不知道自己为什么会这样，但有时这些好的事情似乎看起来并不重要。

- 咨询师：让我们一起看看你的模式，看看我们能不能想到些什么。让我解释一下我是如何理解你的，然后你告诉我，我的理解是否正确，好吗？

- 大卫：好的。

- 咨询师：非常感谢你的配合。在你长大后，你的家人，尤其是你的父亲，似乎只有当你在学校表现良好或成为"男人中的男人"时才会认可你。

- 大卫：是的，但我在学校的表现并不总是很好，而且我并不是他眼中的"优秀的男性"……我似乎一直在努力做到这一点，但总是功亏一篑。

- 咨询师：我敢肯定，你的技能和能力得不到你父亲的认可让你感到很痛苦。

- 大卫：是的。

- 咨询师：你总是被灌输一种观念，即唯一有价值的或能给人留下深刻印象的方法就是成为一名出色的运动员或成绩优异的学生。

- 大卫：是的，但我只是一名戏剧社演员、成绩平平的学生，我经常觉得我把事情搞砸了，或者自己就是个白痴。

- 咨询师：我认为它们可能是当你处于低谷时触发的一些潜在信念。

- 大卫：是的。

- 咨询师：我还注意到你有这样一些信念，比如，"每个人都应该喜欢我"，以及"我应该擅长做任何一件事"。

- 大卫：是的，我的朋友也不断告诉我，就算不是每个人都喜欢我，也没关系，没有人会被所有人喜欢，库斯先生也不停地告诉我，每次排练都不可能是完美的。不过，我觉得他们只是在安慰我。

- 咨询师：在图 2-9 中，我们列出了相关的经历和潜在信念，以及当你感觉不好时产生的想法（向大卫展示图 2-9）。

```
┌─────────────────────────────────────────────┐
│                   早期经历                     │
│   "父亲想让我成为男人中的男人，但我却对表演感兴趣，  │
│        我觉得自己是没有价值的。"                 │
│ "母亲和父亲只有当我在体育、学习成绩和社交方面表现好时才会认可我。" │
│         "我在运动或学习方面表现不好。"            │
└─────────────────────────────────────────────┘
                      ↓
┌─────────────────────────────────────────────┐
│                   潜在信念                     │
│            "每个人都应该喜欢我。"                │
│           "我应该擅长做任何事情。"               │
└─────────────────────────────────────────────┘
                      ↓
┌─────────────────────────────────────────────┐
│                 思维和感受模式                  │
│            "我把一切都搞砸了。"                  │
└─────────────────────────────────────────────┘
```

图 2-9　与大卫的咨询

然后，咨询师需要协助学生将早期经历和潜在信念部分填好，并如先前的概念化所示，展示它们是如何引发自动思维的。这个认知概念化是需要咨询师和学生合作完成的，因此咨询师尽可能多地从大卫那里获取信息，同时帮助大卫确定需要填写进图中的内容。此外，咨询师还会和大卫不断确认其写的概念化内容是否正确，以及是否有写错的地方。

- 咨询师：既然我们已经把它画出来了，有什么内容是需要添加或删除的吗？我想确保我没有搞错或者曲解你说的话。

- 大卫：没有，它们都是对的。

- 咨询师：所以你能看出，当有人说你的表现不好或表达了一些消极观点时，你是如何运用一种消极信念来理解它的？

- 大卫：是的，这并不代表我很糟糕。我只是会以一种消极的方式去理解它。

需要注意的是，咨询师应该反复确认任何大卫不同意的内容，只有这样不断发展的概念化对他来说才像是一个标尺。这有助于确保概念化图表是正确的，并且有助于学生理解。咨询师与像大卫这样的学生一起工作时，除了了解其想法和行为外，还应该将咨询目标锚定在潜在信念上，当在未来的咨询会谈中出现问题时，应该参考和更新这个概念化表，以便咨询变得更准确，也让学生更加了解他们为什么会做出这样的反应。

如果你咨询工作的目标并不是改变学生的潜在信念，你仍然要做认知概念化，只是你无须将认知概念化呈现给学生看。但你仍然需要用认知概念化帮助你思考为什么学生有或没有朝着目标更进一步，以及你在咨询中应该选择何种干预策略和方法。如果你是用这种方法和大卫一起工作的，你仍然应该做一个有关他的认知概念化，这会帮助你理解为什么他会有第一章中所提到的那些思维陷阱，并且为什么改变思维模式对他来说这么难。概念化将指导你确定合适的咨询目标和干预策略，由此你才可能改变那些妨碍他达到咨询目标的模式。

认知概念化、咨询目标和会谈前速测表

在和很多学生工作时，你可能没有时间去改变他们的潜在信念。高中的咨询会谈时间通常会比传统的门诊咨询时间（50分钟 / 次）短一些。高中生在遇到问题并希望由咨询师解决时，通常会突然来到咨询室。这种背景为基于模式和 / 或潜在信念的咨询奠定了基础，同时允许咨询师解决学生的直接问题。

　　根据我们的经验，学生经常因为他们当下遇到的问题来到咨询师的办公室，比如与父母吵架、学业困难，以及与同龄人的冲突等。学生经常会把这些问题当作"世界末日"。学生通常会寻求帮助以期能解决这些问题，当然这可能是你咨询工作的近期目标之一，但你可以通过帮助学生了解他们当前的问题如何与他们的行为模式、思维模式，以及在某些情况下，如何与潜在信念相联系，以促进学生做出更持久的积极改变。比如，一名学生因倾向于回避压力或具有挑战性的情境而导致其陷入学业困难。当这名学生经常来找你时，你可能会专注于对方的想法或回避行为，同时解决眼前的问题。这种方法解决了眼前的问题，同时帮助学生理解问题模式背后的"是什么和为什么"。

　　对一些对咨询投入较少、年龄较小或功能较差的学生，你可能只想关注他们的思维和行为模式，但对功能较好的学生，你可能会关注他们的行为、思维模式和潜在信念。这种方法将帮助你从"灭火"转变为帮助学生理解和解决自己的困难，以便他们有能力在未来自行"灭火"。虽然这种方法最初可能会减缓咨询师和学生解决问题的进程，但从长远来看，它会减少学生对咨询的需求。基于这种认识，再加上教授给学生的认知策略，最终将帮助学生内化这种认识，即他们拥有解决困难的工具，而有时咨询师的支持所起到的作用是有限的或没必要的。第三章将描述识别和改变思维模式和潜在信念的策略，第四章将介绍改变行为模式的策略。

为了帮助学生了解与他们的问题相关的思维和行为模式，并作为他们咨询计划的"锚"，我们建议让学生填写咨询前速测表（见图 2-10）。我们将在第五章进一步介绍这个表。学生在来到咨询室后只需要花几分钟就可以快速填好这个表。这个表要求学生反思与当前情况相关的行为、感受和思维模式，并应用在前几次咨询会谈中学到的技巧。让学生在会谈前思考速测表上的问题，既可以增强他们应用已经学过的认知疗法概念的能力，也可以增强他们在解决问题中可发挥的主动性。为了理解速测表以及它如何帮助学生在解决妨碍实现自己目标的问题（咨询的锚定点）方面发挥积极作用，请花点时间参考阿尔弗雷德设计的速测表，以及速测表上所列的问题与咨询工作之间的关系（见图 2-10）。阿尔弗雷德所填写的速测表是在第九次会谈前完成的，当时他遇到一个反复与同龄人打架的问题。

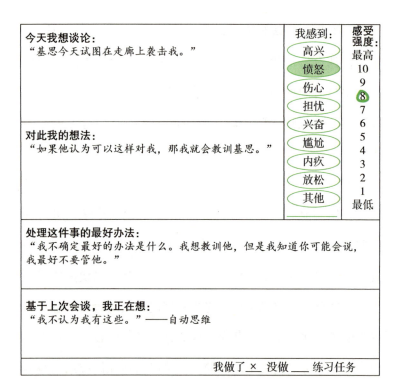

今天我想谈论： "基思今天试图在走廊上袭击我。"	我感到： 高兴 **愤怒** 伤心 担忧 兴奋 尴尬 内疚 放松 其他	感受 强度： 最高 10 9 **8** 7 6 5 4 3 2 1 最低
对此我的想法： "如果他认为可以这样对我，那我就会教训基思。"		

处理这件事的最好办法：
"我不确定最好的办法是什么。我想教训他，但是我知道你可能会说，我最好不要管他。"

基于上次会谈，我正在想：
"我不认为我有这些。"——自动思维

我做了 × 没做 ___ 练习任务

图 2-10　阿尔弗雷德的会谈前速测表

在和阿尔弗雷德工作几个月后，咨询师注意到，阿尔弗雷德经常在速测表上写下类似这样的自动思维，比如"我要教训一下这个家伙"。通过对他的自动

> 会谈前填写速测表能帮助学生反思他们的想法、感受和行为模式以及其已具备的相应技能。

思维进行工作后，咨询师觉得这和阿尔弗雷德的中间信念有关，这就可以作为一个干预点。咨询师大胆猜测，阿尔弗雷德有"世界是危险的"这样的潜在信念，以及只有在受到攻击前主动出击才能保证自己的安全这样的中间信念。阿尔弗雷德的这类信念导致他形成了具有攻击性的行为模式，并且在街头打架、摔跤以及在保护弟弟妹妹的过程中获胜的经历进一步强化了这样的信念。然而，他将世界视为危险的以及充满攻击性的反应模式的观点是不适用的，并且当他在学校和在面对周围想要帮助他的人时，这个观点也并不正确。请记住图 2-10 这个会谈前速测表，以及它在接下来所呈现的咨询片段中如何发挥重要作用。

- 咨询师：阿尔弗雷德，你把这个速测表填得很好。

- 阿尔弗雷德：谢谢。

- 咨询师：我注意到你这周遇到了另一个问题，你认为人们在你真正遇到了什么问题之前就试图攻击你。似乎这种情况发生了很多次？

- 阿尔弗雷德：我想是的。我不想被动地等待想和我打架的人出现。我最好先向他们展示我不能被左右。

- 咨询师：是的，当我想到发生在你身上的事情时，我理解你的这种想法。事实上，我认为这与潜在信念有关，而这个信念与你遇到的许多困难都有关系。

- 阿尔弗雷德：是的，它们给我带来了很多麻烦，这是事实。

- 咨询师：谢谢你的坦诚，让我们来看看那句话。我有试图跟你打过架吗？

- 阿尔弗雷德：不，我不和老师打架。是学校里的同学让我很难过。

- 咨询师：好的。你和这个学校里的多少孩子打过架？

- 阿尔弗雷德：大概有 12 个吧。

- 咨询师：好的，12 个是挺多的，但是放眼全校（这个学校大概有 1 400 个孩子），也不到 1%。

- 阿尔弗雷德：好吧。我觉得也不是每个人都对我有敌意，只是其中一些人。

- 咨询师：没错，但似乎因为你的那些成长经历，你认为大多数你不认识的人都会试图找你的麻烦而且要攻击你。你觉得我说得对吗？

- 阿尔弗雷德：是的，但是我怎么知道哪些人想来找我麻烦呢？我怎么知道哪些不是因为他们知道我要反击而追着我不放，而哪些又是我可以忽略不管的呢？

- 咨询师：好问题，我们稍后再来回答这个问题，但首先我想确认一点，你是明白自己为什么会这么做的。我们将在后续的咨询会谈中找出你为什么会这样做，这也是为了让你明白哪些人会对你有敌意，哪些人是你可以信任的。这样做的结果就是，你可以成为你自己的咨询师。

- 阿尔弗雷德：那太酷了，我喜欢听别人叫我阿尔弗雷德医生。我希望阿尔弗雷德医生可以重回摔跤队，停止留校观察。

- 咨询师：阿尔弗雷德医生，这个目标听起来不错！

在下次咨询中，咨询师和阿尔弗雷德会在认知概念化表上写下阿尔弗雷德的早年经历，这些经历促使他以现在的方式看待他人。这个过程中，咨询师应该指出阿尔弗雷德所表现出的过度警觉和攻击性是正常的，并且由于他的成长经历，这种行为是如何保护他的。咨询师应注意不要诋毁或质疑这种行为在校外危险情况下仍可能具有保护作用的事实。在阿尔弗雷德表明他了解自己的潜在信念如何受到童年时期的影响后，咨询师可以帮助阿尔弗雷德了解有时这些信念是如何在引导性发现等技术中引发问题的。

在和青少年工作的过程中，很重要的一点是，要使用学生能理解的或生动的例子，让他们能理解并尝试努力改变行为、想法和潜在信念。考虑到阿尔弗雷德曾经常参与体育运动，咨询师可能会将体育人物当作例子，他们在打球或执教时非常具有攻击性，但在开会或和媒体交谈时又镇定自若。然后，咨询师将与阿尔弗雷德一起明确除了之前咨询中工作过的想法和行为以外，在接下来的咨询会谈中会对他的潜在信念进行工作。和阿尔弗雷德一起完成他的认知概念化后，咨询师需要鼓励阿尔弗雷德在每次咨询会谈前，利用速测表思考他的潜在信念在日常问题中所起的作用。

支持的证据

个案概念化本质上是认知取向的咨询师如何思考学生并针对特定反复出现的问题选择特定干预措施的方式。个案概念化的使用和形成需要基于认知疗法。为了验证个案概念化是否是一种询证的技术，研究者们可能会将有使用个案概念化或没有使用这种技术的认知治疗效果进行比较，从而验证个案概念化是否会导致结果有所不同。但是，没有个案概念化的认知治疗可能就不是认知治疗！因此，整个过程都是询证的（正如我们在第一章所描述的）。

本章小结

本章提供了很多关于咨询师如何理解与他们一起工作的学生的信息。一开始简要介绍了认知模型，这个模型强调与学生所做、所感相关的想法。这些想法受学生潜在信念影响，这层关系在认知概念化图表上有所显现。对学生的潜在信念进行认知概念化可以让咨询师理解学生为什么会这样做。如果咨询目标是潜在信念，学生也将会看到潜在信念在他们的想法、行为和感受中发挥的作用。

认知概念化分为核心信念、中间信念和自动想法，这将帮助你对学生的问题进行剖析并理解他们。但是，因为认知概念化的复杂性，当和学生在讨论认知概念化时，我们建议将中间信念和核心信念合为潜在信念来进行解释。对于功能较差、年龄较小或不愿深入探究自己的学生，或者当时间有限时，你可能只需要把咨询目标锚定在思维和行为模式上。如果临床需要，最初以改变想法和行为模式的咨询可以在后续会谈中将潜在信念定为咨询目标，此时学生和咨询师将一起完成认知概念化。无论你是否将咨询锚定在潜在信念上，认知概念化都将作为一个重要框架，从而帮助你理解和共情每位学生，从而选择最有效的技术，并理解学生在咨询中为什么取得了或没有取得进展。

读者练习活动：认知概念化

在思考本书前两章的概念时，请考虑认知模型的哪些方面与你在阅读本书之前对学生的理解方式一致或不一致。我们邀请你也通过认知概念化来概念化自己。你可以使用图 2-11、附录 2-1 或者你自己准备一张纸。在你完成自己的认知概念化后，我们会让你回答以下几个问题。请尽量在你完成自己的认知概念化后再来看这些问题。

早期经历

有哪些重要的早期经历可能会影响这位学生？

潜在信念

学生对自己和世界持有的最强信念是什么？
学生对如何在世界上生存的（与他核心信念直接相关的）信念是什么？

思维和感受模式

在某个特定情境下，学生的头脑中快速出现的具有一定评价性的想法是什么？
和这些想法相关的情绪有哪些？

行为模式

基于自己的信念，学生会做什么？

图 2-11　临床工作者的认知概念化

　　当你完成自己的认知概念化后，你出现了什么样的自动想法和情绪？

_____

_____

_____

_____

_____

我们经常发现这对咨询师和学生来说都是一项艰巨的任务。希望完成认知概念化能帮助你理解你将带领学生所要经历的过程，以及理解羞耻、愤怒、伤心和其他感受，完成自我认知概念化的过程就类似于这种自我反思的行为。

当你完成认知概念化时，你对自己感到惊讶的部分是什么？

_____

_____

_____

_____

你如何理解你自己以及你的早期经历会如何影响你的咨询？

_____

　　我们发现临床工作者的经验会影响他们对学生进行概念化的方式。比如，新手咨询师可能有一种无意识的倾向，即以一种与他们自己的经历和概念化相似的方式概念化他们的学生。如果你发现情况确实如此，或者如果你的很多学生有类似的概念化，请再次查看它们并确保你没有根据自己的经验或自动思维做出假设。相反，你需要确保学生的概念化反映了每位独特的学生在咨询会谈中谈到的内容，即激发你假设的信息。

　　如果你要开始咨询了，这种认知概念化将如何影响咨询，它会有用吗？

03

第三章

认知技术

本章将介绍我们在学校系统工作时发现的最有效和最有用的认知技术。根据我们的经验，这些技术适用于具有独特特征的高中生和学校情境。读完本章后，你应该会对合作式问题解决、思维记录、思维泡泡、引导式发现、三C技术、应对卡和反向角色扮演（reverse role play）有基本的理解。本章介绍的最后一个技术是箭头向下，临床工作者可以使用它揭示来访者的潜在信念，这些信念是一些学生的问题的心理基础和原因。

决策点：问题解决还是干预

咨询师在选择对学生进行干预之前，必须先回答一个重要问题：学生呈现出来的问题，是由不准确的或无益的想法或潜在信念引起的，还是学生针对一个问题情境所产生的合理反应（想法、情绪、行为）？如果学生的问题主要源于想法或信念，认知和行为策略可以通过发展出更准确和有益的想法或信念帮助学生做出改变。然而，我们最常被临床工作者问到的问题之一是，如果学生是对的要怎么办？如果问题是学生生活中所面临的真实问题情境，并不是改变他们的想法就能起作用的，怎么办？当这样的情况出现时，你和学生将直接进行合作式问题解决。

> 如果学生的痛苦是对某个情境的合理反应，而不是与无益的或不准确的想法和信念相关的，我们就转向合作式问题解决。

合作式问题解决

合作式问题解决是临床工作者以帮助学生识别问题、确定如何最好地应对问题以及在某些情况下如何改变情境的态度提出问题的过程（Beck，1995）。通常，与学生进行合作式问题解决本身就是一种有效的干预。当学生的情绪感受与他们面临的情境相符时，这一点尤其明显。因此，试图改变他们与情境相关的现实且适应性的想法会适得其反。例如，如果临床工作者建议那些失去父母或未能完成所需课程的学生不应该感到哀伤或悲伤——他们应该改变对这种情境的看法，并以某种方式感觉良好，这对学生来说是一种侮辱。

对想法进行再多的工作也无法改变安加奈面临承受巨大压力的事实。试图通过说服大卫检验他的信念并不会改变他有学习障碍的事实，这个障碍可能会导致他在学习某些课程时比其他同学面临更大的困难。相反，我们可以使用问题解决来帮助那些在面临困境时产生相应负面情绪的学生。在与学生进行合作式问题解决时，你不仅需要帮助学生寻求问题解决方案，而且需要教学生如何进行问题解决，这个技能可被应用于未来的情境中。我们建议，当出现以下情况时，最好鼓励学生进行问题解决。

1. 当学生产生的情绪与情境相适应时。

2. 当学生处于存在重大伤害风险的情境时。

3. 当你和学生检查了想法后发现想法既准确又有用时。

4. 当学生的功能水平较低，并且一开始就难以理解信念、想法和行为如何与问题关联时。

在教学生进行问题解决时，我们发现 ITCH 法非常有效（Muñoz，Ippen，Rao，Le，& Dwyer，2000）。这种方法强调建立不同的选项，然后权衡每种方法的优缺点。虽然这样做对许多成年人来说可能是常识，但我们发现，对处于压力情境下的青少年来说，这并不总是常识。因此，呈现 ITCH 问题解决表是一种向青少年教授这些技能的简单方法。青少年们可能会发现这种方法很有用。图 3-1 列出了你可以在会谈中使用的步骤。图 3-2 呈现了学生可以在会谈期间或会谈之外使用的问题解决方法。

渴望解决一个问题吗

- **定义问题（Identify the Problem）**：与学生合作识别正在发生的事情以及解决问题的难点。
- **考虑可能的解决方案（Think about Possible Solutions）**：通过与学生合作找出一些他 / 她可以用来处理这种情境的不同选项。尽量不要只选择有用的解决方案，而是集思广益地多想几种可能的解决方案。
- **选择一个解决方案并进行尝试（Choose a Solution to Try）**：通过与学生合作帮助学生列出可能的解决方案列表，并确定哪一个方案最可行。学生尝试使用该解决方案时，可能会遇到哪些障碍？有什么方法可以克服这些障碍？
- **效果如何（How Well Does It Work）**：在尝试使用解决方案之前，帮助学生思考最终如何判定该方案是否成功。在学生尝试使用解决方案后，对结果进行评估，并在必要时重启该问题的解决过程。

图 3-1　用于会谈的 ITCH 问题解决方法

定义问题：正在发生什么，有什么困难？

_____

_____

考虑可能的解决方案：你可以使用哪些不同的问题解决方案选项来处理这种情况？尽量不要只选择你觉得有用的解决方案，而是集思广益地多想几种可能的解决方案。

_____

_____

_____

_____

选择一个解决方案来尝试：在查看了你的可能解决方案列表之后，哪一个最可行？你尝试此解决方案时可能会遇到哪些障碍？有什么方法可以克服这些障碍？

_____

_____

_____

_____

它的效果如何：在你尝试使用解决方案之前，请考虑好最终如何判定该方案是否成功。然后请尝试解决方案并评估结果。如果它不起作用，请重新选择一个解决方案并进行尝试。

_____

_____

_____

_____

图 3-2 供学生完成的 ITCH 问题解决方法

　　随着学生对完成这些步骤变得更加熟练，问题解决将成为一个更自然的过程。随着时间的推移，学生将不需要以那么结构化的方式逐步完成这些步骤，因为这个过程将变得更加自动化和内化。如果学生在问题解决过程中遇到困难，你可以帮助学生识别造成困难的思维模式和潜在信念。这将为你的认知概念化提供信息，然后你将需要决定如何干预是最有成效的：是解决有问题的思维模式和 / 或潜在信念呢？还是为问题解决提供更直接的支持？如果问题行为、想法和 / 或潜在信念在情境中扮演着活跃的角色，那你可以使用本章及后续章节所介绍的技术对它们进行处理。如果问题行为、想法和 / 或潜在信念在学生面临的困难中持续起着作用，你也可以把它们当作治疗计划的锚点（anchors）。

帮助学生理解认知模型

在选择会谈锚点（行为、思维模式和 / 或潜在信念）之前，你需要评估学生对认知模型的理解程度。正如本书反复提及的那样，认知疗法建立在这样一个概念之上：是学生思考情境的方式直接影响了学生的情绪，而不是情境本身。临床工作者应该在第一节会谈中使用简单的例子介绍认知模型，比如第一章（过山车的故事）中描述的例子。话虽如此，但临床工作者可能需要在整个咨询过程中反复复习认知模型。接下来的故事展示了一种通过使用稍微复杂的例子与学生一起复习使用认知模型的方法。这个故事反映了临床工作者和第一章介绍的名叫米歇尔的学生之间的对话。当然，每位临床工作者都有独特的个人风格，我们鼓励你将这种认知模型解释融入你自己的咨询风格中。这个故事只是提供了呈现这个模型的一个方法。与本书中的其他对话一样，这段对话是一段相当简单的对话，许多青少年可能难以理解这些概念，或者对咨询没有那么投入。展开这段对话的目的是说明如何向学生呈现模型背后的整体概念，而不是展示真实对话的特点。

- 咨询师：米歇尔，我真的很感激你那么坦诚地告诉我你生活中发生的事。我知道跟刚认识的人谈论私人问题很难。我有一些方法可以让你的生活变得更好，但需要你付出一些努力来坦诚地思考你的想法，然后按照我们所讨论的方式进行实践。

- 米歇尔：好的……现在我会尝试付出行动来做出改变。

● 咨询师：太好了。那让我们更多地谈谈认知模型吧。我们之前有谈到过它，并试图将它当作一种理解我们如何思考、感受和行动的方式。我们会用这个模型理解你正在经历的一些体验，这样我们就能弄清楚如何改变它们。一旦你学会使用这个模型，你就能更有效地让自己感觉更好。这个模型认为，想法（指向头部）而不是情境本身会影响我们的感受（指向胸部）。例如，如果今天早上醒来，我想着"即使外面下雨，我也要度过美好的一天"和我想着"又下雨了，又要倒霉了"的这两种想法，会让我的感受有什么不同吗？

● 米歇尔：我想是的，但也许下雨真的会让你心情不好，或者你可能只是心情不好。

● 咨询师：很棒的思考角度，我们可以进一步探讨你的想法。我们已经发现在感受产生之前，其实有一个想法，而且这个想法是让我们感受不同的原因。如果我们一起努力，我想我们可以让你更轻松地控制自己的想法。你还记得我们在第一次会谈中提到的过山车的例子吗？

- 米歇尔：记得，我们还讨论了一个例子，有人在走廊撞到我。

- 咨询师：是的。我们讨论的是被人撞到后你的想法，比如他是不小心的还是故意的，而不是被撞到这件事本身引发了你的感受，对吗？

- 米歇尔：是的，但我不明白一个人怎么能改变自己的想法。我根本控制不了自己的想法！

思维泡泡

思维泡泡是使"识别想法"这个非常抽象的概念更加具体化的好方法。思维泡泡是指在一个或多个角色的头上画一个"思维泡泡"——就像报纸上的漫画中表达想法的方式。思维泡泡可以作为认知疗法中识别想法的多种方式之一。例如，第一章使用了思维泡泡来识别杰里米和特雷弗对过山车的不同看法（见图1-5）。正如你在图3-3中看到的，思维泡泡相当简单。在这个场景中，一个青少年在微笑，另一个青少年在皱眉。学生被要求写下每个青少年可能有的想法。通常，学生将在与微笑的青少年相连的思维泡泡中放入一个愉快的想法或对情境的积极看法，在与皱眉青少年相连的思维泡泡中放入一个消极的想法或对情境的消极看法。在学生填写想法后，他／她被要求解释为什么经历相同情境的青少年会有不同的感受。这个练习能帮助学生思考不同的想法，而不是情境（这对两个青少年来说都是一样的）是如何引起情绪的。如果米歇尔不了解想法与感受及情境的关系，图 3-3 就是一个思维泡泡的例子，可能会对她有帮助。本书附录 3-1 和 3-2 中是可复制的思维泡泡，可供你与学生一起使用。

图 3-3　思维泡泡

　　每当自动想法或意象成为谈话主题时，临床治疗师可以与学生一起以多种不同的方式有创造性地在认知疗法中使用思维泡泡。例如，当学生在某种情境下难以识别一个自动想法时，将该情境画出来同时画上思维泡泡，并让学生填写它，可能会有帮助。另一个有趣的练习是画两幅不同的漫画——其中一幅的思维泡泡里有一个应对的想法，另一幅的思维泡泡里有一个无益的或不准确的想法（见图3-4）。这些图画可以激发关于这两种想法如何引发不同反应的对话，从而帮助学生了解应对想法的力量。

　　在第一个方框中，画一个情境，包括一个头上有思维泡泡的角色。那个人对自己说了什么?请想一想这种想法将如何影响那个人在这个情境下的感受或行为。在第二个方框中，画相同的角色，但在思维泡泡里填写与前面的想法全然不同的新想法。新的想法是如何带来不同的感受或行为的?

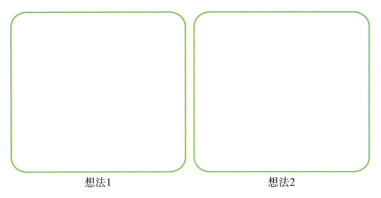

想法1　　　　　　　　　　　　想法2

图 3-4　不同的想法带来不同的感受和行为：两格漫画的模板

当学生在某种情境下难以识别自动想法时，使用思维泡泡漫画也有用。使用三格漫画（见图3-5），在第一格中画情境，第三格中画反应，然后临床工作者和学生可以使用第二格，即中间格，对发生的事情进行不同的猜测（自动想法）。填写不同的自动想法可以帮助学生理解对情境的反应。当你努力寻找适合你和学生的风格时，你可能还会发现漫画和思维泡泡的许多其他用途。一些临床工作者还喜欢将思维泡泡用在从杂志、照片或其他图像中剪下的图片中，请学生识别图片中人物的思维泡泡中的内容。你可以自由改变思维泡泡的版本，以满足学生的需求。

接下来，请画一个三格漫画，以展示情境、想法和反应是如何关联的。在第一个方框中，画出情境。发生了什么？谁在那儿？他们在做什么？在第二个方框中，画一幅包括思维泡泡的漫画。主角在情境中的自动想法是什么？在第三个方框中，画出主角的反应。这个人的感受是什么？这个人是怎么行动的？

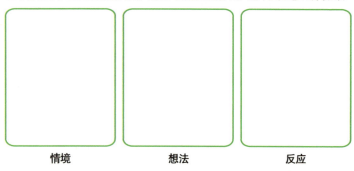

图 3-5 三格漫画的模板

在图 3-6 中，根据你对自己所面临情境的强烈反应，画一个三格漫画。（这些是最易于识别出自动想法的情境。）在第一格中，画出在你产生强烈反应之前的情境中正在发生什么。在第三格中，画出你所做出的反应。在第二格中，试着找出导致你做出反应的自动想法。

情境　　　　　　　　想法　　　　　　　　反应

图 3-6　三格漫画练习

对你来说，在你所处的情境下识别自动想法是困难的还是容易的？

_____

_____

_____

_____

你如何利用这种经验帮助你的学生识别他们的自动想法?

_____

_____

_____

_____

_____

认知三角

另一种向学生描述认知模型的有效方法是使用认知三角阐明想法、行为和感受之间的关系(Clarke, Lewin-sohn, & Hops, 1990)。认知三角展示了想法、情绪和行为之间的关系,而且它可以在你向学生解释认知模型或在后续咨询中作为一种视觉辅助。绘制认知三角对认知水平较低的青少年特别有帮助,因为它创造了想法、感受和行为之间的具体联系。图 3-7 呈现了一个认知三角的例子,它可以帮助米歇尔理解她在特定情境下的想法、感受和行为之间的联系。

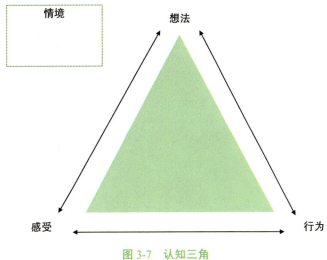

图 3-7　认知三角

　　在与米歇尔一起使用认知三角时，我们将首先帮助她看到自己可能有的那些想法、感受和行为是如何相互联系的。例如，让我们回顾一下第一章中的例子，当米歇尔在食堂里从几个男孩身边走过时，他们笑了起来。如果我们为米歇尔绘制认知三角，如图3-8所示，我们可以向她呈现她在那种情境下的想法是如何影响她的感受和行为的。接下来，我们将帮助她识别更有帮助的或更准确的想法，并探索这些想法是如何改变她的感受和行为的，正如我们在本章后面所描述的那样。

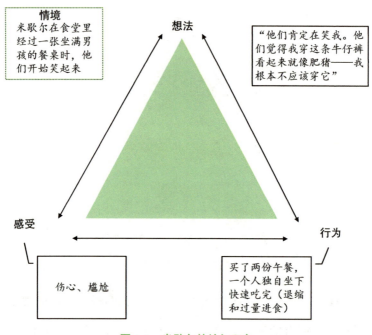

图 3-8 米歇尔的认知三角

理解想法和情绪的区别

许多学生一开始会觉得很难理解想法和情绪之间的区别。有很多方法可以帮助我们引导他们理解两者之间的差异。我们可以这样简单解释："想法是在你脑海里的，它们通常可以用一个句子进行描述，情绪是在你身体里的，它们通常可以用一个词进行描述。"想法也可以是"你对自己说的话"，而情绪是"你内心的感受"。功能较差的学生可能需要更多的帮助才能理解这种差异。我们建议你拿一份情绪清单供这部分学生参考。

发挥你的创造力帮助学生识别他们的感受，或者解释认知疗法中任何难以理解的概念！我们所知道的与学生合作的其他活动如下所示。

- 一起翻阅杂志，找出照片中人物的感受。

- 当强烈的情绪产生时，让学生识别自己身体中的感觉，比如因为担心而感到胃里有"蝴蝶"和心跳加速，因为悲伤而感到心情异常沉重和行动缓慢，等等。请写一个清单供以后参考。

- 散步！与你的学生一起穿过学校教学楼的走廊、食堂或其他人多的地方。安静地与学生相互分享自己从别人脸上看到的不同情绪。

- 猜感受游戏是一种识别情绪的有趣方式。通过头脑风暴想出尽可能多的情绪，并把它们都写在纸条上。轮流抽选一张纸条，然后表演出纸条上所写的情绪，直到对方猜出来为止。

- 让一名艺术系的学生画一幅自己的画，并标明会感受到情绪的身体部位，比如出汗的手掌、怦怦跳的心脏、流泪的眼睛等等。

- 任何其他能让学生感兴趣并帮助她理解和识别感受的方法！

这些活动只是你在认知疗法中发挥创造力的众多方法中的一小部分。

许多学生将需要组合使用思维泡泡活动、认知三角、情绪清单和其他辅助工具来帮助他们理解认知模型。当你教学生们如何使用这个模型时，请试着注意避免使用"感受"这个词来描述"想法"，反之亦然。我们发现许多新手临床工作者会交替使用想法和感受，所以要注意在会谈过程中示范对感受和想法进行正确的标记。例如，当一名学生在开始接受认知治疗时，他可能会经常说"我觉得她这样做只是因为她很刻薄"。然后你可以用更准确的分类温和地重述他告诉你的内容，比如说："所以你在想（指着你的头）她这样做只是因为她很刻薄。你有什么感受（指着你的胸口）？"如果学生告诉你："我觉得她不应该那样做！"你就可以趁机更明确地复习这些概念。比如："非常棒，你很好地标记了想法（指着你的头）。请记住，感受通常发生在这里（指着你的胸口），而且通常可以用一个词描述。"

还有一点很重要，那就是当学生正在分享一个重要故事时，不要以牺牲咨询关系为代价强硬纠正这个问题。这种打断的行为会让学生感到不被尊重和不被关心。如果出现这种情况，你在学生分享故事的重要部分时需要先共情。然后，在你向学生表达了你对他的理解后，再回到想法和感受不同的这个问题上。一旦学生命名了一种感受，你就强化这种技能。例如："我知道这种想法会有多么伤人。你很好地标记了想法——她这样做只是因为她很刻薄，你也很好地标记了感受——受伤和愤怒。如果有人做某事只是为了对我刻薄，我也会感到受伤。"

共情性的矫正反馈（empathic corrective feedback）是教授学生如何使用认知模型的一部分。我们希望你能明白如何以温暖和支持的方式给出这种反馈。同样重要的是要注意，学生的感受应该永远不会被认为是错误的或需要改变的。相反，学生的这种感受应该总是得到肯定，而你将与学生一起改变想法，从而改变学生的感受。一定要花时间真正地倾听学生的想法，以确保你理解学生试图告诉你的内容并表达共情。毕竟，如果学生的思维模式导致他们产生消极情绪，那么他们会感到难过是有道理的，即使这些思维模式没有证据可循。这种肯定应该贯穿整个咨询过程，以帮助加强咨询关系以及你使用认知疗法技术时所需的牵引力。

思维记录

我们通常可以在一两次会谈中呈现和解释认知模型。在学生理解了认知模型之后，你可以介绍思维记录（Beck et al.，1979）。思维记录是向学生展示他们的情境、想法和感受如何相互关联的好方法。思维记录的简单版本引导学生识别一种情境，接着是一种自动想法，然后是想法带来的一种情绪。一旦学生习惯了使用思维记录，并且在会谈中不怎么需要帮助就能这样做时，你就可以鼓励他以完成作业的方式记录自己的一个又一个想法。更复杂的思维记录需要收集额外的信息，添加与挑战自动想法相关的列，从而形成更有帮助的或更准确的想法。我们将在本章后面介绍这些更复杂的思维记录。

表 3-1 给出了一个简化版思维记录的例子，而表 3-2 是一个参考了米歇尔可能写的内容而填写的部分思维记录。本书的附录 3-3 和 3-4 是空白的思维记录表，可供你复印使用。当学生开始理解认知模型并运用它来解决自己的问题时，你可以复印思维记录表并把它们给学生使用。正如你在思维记录表中所见，学生可以将表格左侧列出的问题当作如何完成思维记录的提示。列出彼此相关的情境、想法和情绪，可以加强对想法如何引发情绪的清晰理解。在家庭作业中使用思维记录表也将帮助你和学生了解哪些情境和想法会在咨询会谈之外引发强烈的情绪。随着时间的推移，思维记录表会展现学生的思维模式，从而让你了解学生的思维倾向以及触发思维模式的情境。

表 3-1 简化版的思维记录

情境
就在你产生这种感受之前，你周围发生了什么？

（续表）

自动想法
你的大脑里闪过了什么想法？

情绪
你感受到了什么样的情绪（用一个词来形容）？

表 3-2　米歇尔填写的思维记录表

情境 发生了什么	想法 我的脑海中浮现了什么想法	感受 我产生了哪些情绪	行为 我做了什么
我在食堂经过一张坐满男孩的餐桌时，他们全都笑了	他们肯定在笑我。他们觉得我穿着这条牛仔裤看起来就像一只肥猪。我根本不应该穿它。此外，我猜杰伊告诉了他们我们约会过。他们肯定也觉得我是个十足的荡妇	伤心 尴尬	买了两份午餐，找位置独自坐下快速吃掉两份午餐
我在午餐时坐在一张空桌子旁吃饭		孤独 伤心 绝望	更加退缩当天就没再和任何人说过话
我晚饭吃太多了，导致胃胀、不舒服	我一点都不自律。我会一直胖下去，而且就因为我太胖了，所以没有人会喜欢我		催吐，哭了一个小时

（续表）

情境 发生了什么	想法 我的脑海中浮现了什么想法	感受 我产生了哪些情绪	行为 我做了什么
我妈妈问我为什么现在还没有男朋友	她就想确保我不会再次"偷走"她的男朋友。她一点都不在乎我，她只在乎她自己	内疚 生气	

注：查看表 3-2 中的思维记录，想象米歇尔会如何填写留下的"空白"部分。作为示例，该表给出了她走进食堂时的想法、感受和行为的完整记录。

你能猜猜她会如何填空白的部分吗？

引导式发现

正如你可能已经注意到的，在之前的角色扮演和我们对干预措施的描述中，认知取向的学校咨询师很少会告诉学生他们应该如何对一个情境做出反应。事实上，认知疗法的前三次会谈后，你很少会告诉你的学生应如何理解情境和对情境做出反应。相反，你将使用我们称之为引导式发现的技术（Burns，1980）。对认知取向的新手咨询师来说，使用引导式发现技术可能会非常困难，但它是有效使用认知疗法技术的基础。

引导式发现包括提出策略性的问题，以引导学生找到一个新的视角。

引导式发现是一种使用适时的策略性问题来引导学生探索和改变不准确的或无益的信念、想法和行为的方法。例如，引导式发现可用于检验支持或不支持学生的自动想法的证据。这种方法是检验想法的关键，也是改变想法的三个步骤之一。我们与高中生一同工作的经验表明，在试图引导学生得出更合理的或更具适应性的结论时，使用"苏格拉底式方法"或"可伦坡式方法"（columbo approach）的效果最好。可伦坡式方法以电视剧《神探可伦坡》中的侦探命名。你可以请学生像可伦坡一样扮演一名充满好奇心、谦逊的提问者，并让学生根据证据率先得出一个合理的结论（Selekman，1993）。作为咨询师，你很清楚你正在将学生引导到哪里，你会通过提出鼓励学生得出自己结论的问题来做到这一点，而不是你来提供答案。这种方法鼓励学生自己"寻找"答案，而不是按照大家期待的答案付诸行动。让我们看看安加奈和她的咨询师在使用引导式发现时的以下对话。

- 咨询师：听起来你因为考试失败而感到沮丧。

- 安加奈：是的，我不敢相信这一切。

- 咨询师：我真的很想多了解一些。我知道你很难过，不过我从来没有听你提过你得了 F（最低分）。

- 安加奈：虽然不是 F，但我确实失败了。

- 咨询师：那你得了什么？

- 安加奈：我得了 B，这对我来说就是失败。

- 咨询师：好的，我明白了。我能理解这种失败对你来说真的是巨大的打击，我也能理解这样的高标准会让很多人感到沮丧。

- 安加奈：是的，这种情况一直在发生。

- 咨询师：一直？

- 安加奈：不，不是一直。我想这实际上是这个学期的第一次。

- 咨询师：所以……听起来这是你这个学期第一次没有拿到 A，这让你感觉很糟糕。

- 安加奈：是的，我想当你这么说的时候，它看起来并没有那么糟糕。

- 咨询师：你说"看起来没那么糟糕"。

- 安加奈：嗯，是的，我其实觉得自己的反应有点愚蠢……但我没办法。虽然我觉得自己有点反应过度，但我还是觉得很难过。

- 咨询师：我认为你感觉难过是有道理的，但这是因为你愚蠢或你很失败，还是因为你的高标准？

- 安加奈：你指的是什么意思？

- 咨询师：嗯，如果有人只有一门成绩没有得 A 但其他成绩全是 A，那么这个人是"愚蠢的"吗？

- 安加奈：不，我想我只是对自己有很高的标准。

- 咨询师：所以你对自己有很高的标准，这对你有什么用？

- 安加奈：它能帮助我实现目标，但如果我实现不了，我就会感觉很糟糕。

- 咨询师：所以我想知道什么对你来说更有意义。

- 安加奈：保持我的高标准，但当我偶尔达不到这样的标准时，我也许会让自己放松。

- 咨询师：这似乎有帮助。

然后，咨询师会称赞安加奈如此开放地检验她的想法，并鼓励她运用本章或第四章中列出的其中一种技术来改变她的想法。咨询师还会记下安加奈倾向于使用的思维陷阱（如第一章中的"应该"或"完美灾难"），随着这些思维陷阱不断出现，它们可能会在未来的会谈中被处理。咨询师还将追踪安加奈的中间信念，即她必须是完美的且取得了很高的成就她才觉得自己有能力，并将其纳入她对安加奈的认知概念化中。

三 C 技术

在早期会谈中与学生一起使用引导式发现通常可为帮助学生识别和评估想法奠定基础。在这样做的过程中，学生

> 三 C 技 术 —— 识 别
> （catch）、检验（check）、改变
> （change）——是学生需要掌握的关键技术。

们学会了将你视为一个不会对他们说教的人，将你的咨询室视为一个不会被告知该做什么或他们所做的事情是错误的地方。引导学生理解自己的无益或不准确的想法及健康的替代想法，通常遵循一个可以分为三个步骤来描述的过程——三

C 技术（Granholm，McQuaid，Auslander & McClure，2004；Granholm et al.，2005）。三 C 技术是认知模型和简单思维记录的逻辑衍生物。在许多情况下，你将能够使用三 C 技术帮助学生改变他们有问题的思维模式。事实上，在你进行认知咨询时，三 C 技术经常会成为大多数你所使用的认知技术的治疗框架。在引导学生使用三 C 技术时，你需要请学生识别出在产生情绪之前出现的想法（识别），思考该想法的准确性和有用性（检验），然后根据需要将想法转变成更有益的或更准确的想法（改变）。

帮助学生理解这一过程的一种方法是，将你们自己视为侦探，尤其是当你与会进行非常具象化思考的学生一起工作时更是如此。你们将一起找到支持或反对不同想法的证据，这样学生就可以判断出哪些想法是最准确的以及哪些想法对他们是最有帮助的。我们在接下来的许多示例中都使用了侦探式语言，以演示如何描述这些技术。然而，与认知治疗中的其他技术一样，你应该相信你的临床判断和学生的反馈，以决定哪些学生会对侦探式的类比反应良好，哪些学生会喜欢其他类型的描述。接下来我们将详细介绍使用三 C 技术的步骤，并介绍在学校中有效应用它们的建议。

识别

　　帮助学生改变思维模式的第一步是识别（Granholm，2004；2005），即确认在学生体验到负面情绪之前产生的想法。在学生完成思维记录表，确定紧随触发情境并先于情绪出现的想法时，就已经了解过这种技能了。在学习这种技能时，通常要等到情境发生后，学生和咨询师才会回顾学生感觉糟糕时发生了什么，并确定在情绪产生之前出现的想法。你可以通过问类似这样的问题做到这一点："就在你感到愤怒之前，你的脑海里浮现了什么想法或画面？你对自己说了什么？"当想法被识别后，学生还将评估自己对这个想法的相信程度（0—100%）。评定相信程度有两个目的：一是引导学生思考相信与不相信一个想法之间的中间地带，二是提供一个基线，用来衡量由三 C 技术所带来的学生对这个想法的相信强度的任何变化。一旦学生掌握了识别想法的技巧，他就能在想法出现时觉察到它，并明白是这种想法引发了情绪。以下示例说明了这种干预可能在会谈中发挥作用的一种方式。

　　● 咨询师：还记得之前我给你介绍的认知模型吗？

- 大卫：记得，它让我明白了不是情境引发了我的感受……而是我对这种情境的想法。

- 咨询师：没错，好记性，大卫。除此之外，我还提到我们将共同努力改变一些导致你感觉如此糟糕的想法，那就是使用一种叫作三C的技术。三C技术包括三个步骤，分别为识别、检验和改变。

- 大卫：好的……

- 咨询师：第一步是识别，即当你确定或识别出先于情绪产生的想法时，你就已经在做这件事了。第二步是检验，当你这样做时，你是在检验想法的两个方面——想法是否准确和有益。

- 大卫：所以我想看看这个想法是否正确和是否有帮助。如果它对我没有用或不真实怎么办？

- 咨询师：好问题……这时你就可以试着改变自己的想法。在我们练习了前两个步骤——识别和检验——之后，我们可以回顾一下如何做到这一点。

- 大卫：嗯。如果这个想法确实是正确的呢？我的想法并不都是错的，不是吗？

- 咨询师：我很高兴听到你这么问。认知疗法并不是要掩盖事实或者只让你想一个快乐的想法，而是要帮助你更准确地看清事物的本质。我们会很像侦探一样，收集支持和反对某些想法的证据。有时证据会表明这个想法可能是真的，有时它会表明这个想法很可能不是真的。如果这个想法可能是正确的，但对你没有太大帮助，或者它确实不是真的，我们将寻找不同的方式来思考事物。你愿意尝试一下，考察一下你的想法吗？

- 大卫：当然，我愿意这么做。

咨询师会邀请大卫将"识别"这一技术应用于他经常遇到或最近经历过的情境中，直到他能较好地掌握这一技能。正如我们将介绍的那样，在识别之后紧接着的就是检验和改变。在教授所有认知疗法技术时，我们建议咨询师首先向学生展示技能，其次带着学生一起练习，最后让学生自己练习，具体步骤概述如下。

1. 我（咨询师）做。

2. 我们（咨询师和学生一起）做。

3. 你（学生在会谈中自己尝试）做（Moats & Hall，1999）。

咨询师在教授这些步骤时，如果学生还没掌握上一步，不要急着教授下一步。让学生在会谈中体验对每种技术的掌握程度是非常重要的，因为如果没有掌握技术，学生在离开会谈时可能会感到压力更大了，并且不太可能在两次会谈之间练习运用技巧。

检验

第二个 C——检验想法，包括判断想法对学生来说是否准确和有益，而这只能在想法被识别之后才能完成（Granholm et al.，2004，2005）。当你或学生在会谈中留意到他/她体验到强烈的负面情绪时，你可以在当下使用识别和检验的技术。这被称为识别和检验一个热的想法，因为这时学生头脑中的想法比较火热或者说想法还在学生脑海中（Beck，1995）。在会谈中识别一个热的想法与在其他疗法中被概念化为聚焦于咨询过程的此时此地有某种程度的重叠。这样做可以加强治疗效果，以及处理出现在会谈中的有问题的思维模式。例如，当看到一名学生皱眉时你可以这样说：“大卫，当我们谈到将我们的会谈从一周两次减少到一周一次时，我注意到你皱起了眉头。"这时，临床工作者应该鼓励学生在会谈中复习前两个 C 技术。首先，学生将确定在感觉（识别）之前出现的想法。然后，学生会检验这个想法是否是经过深思熟虑的和准确的。下面我们将介绍一些检验想法的方法。

检验想法时要问的问题

学生在检验一个想法时会用到的问题列在了三 C 思维记录表上（Granholm et al.，2004，2005）。三 C 思维记录表建立在学生通过简单思维记录表学习到的内容基础上，即如何确定一个想法与某个情境及某种情绪之间的关系。三 C 思维记录表增加了在想法被识别后，对想法进行检验和改变的内容。学生掌握了这些技能之后就可以在会谈中完成三 C 思维记录表。临床工作者也可以把完成三 C 思维记录表当作家庭作业布置给学生。空白三 C 思维记录表可在本书的附录 3-5 中找到，这个表将成为学生工具箱中的中流砥柱，帮助他们识别自己的思维陷阱和更有帮助的 / 准确的想法或反应。

三 C 思维记录表中列出了一些问题，以帮助学生完成这一过程。我们在接下来的内容中列出了其他有用的问题

（Beck，1995）。这些问题的可复印版本见附录 3-6。我们建议你在会谈中使用这些问题来帮助学生了解如何检验他们的想法。

- 是什么告诉你这个想法是真的？是什么告诉你这个想法可能不是真的？

（对学生使用侦探类比的话，这些问题可能是"有什么证据能证明这个想法是不是真的吗"）

- 你对发生的事情还有其他解释吗？

- 你相信这个想法会有什么影响？（利弊分析）

- 你可以做些什么？

- 如果这件事发生在一位朋友身上，你会和他 / 她说什么？

- 你的朋友会如何看待你的想法？

- 这个想法对你有帮助吗？

当被评估的想法与焦虑有关时，学生们通常会担心有不好的事情发生。在评估一个焦虑的想法时，以下这些问题可能也是有帮助的（Beck，1995）。

- 可能发生的最糟糕的事情是什么？（这通常是主要

问题，当学生们担心的时候，他们就会总是想这个问题。）

- 可能发生的最好的事情是什么？
- 最可能发生的事情是什么？
- 如果最糟糕的事情发生了，你能应对吗？

在下面的对话中，大卫和他的咨询师使用了我们在前文中提到的一些技术来识别、检验和改变一个想法（Granholm et al.，2004，2005）。

- 咨询师：大卫，当我们谈到将我们的会谈次数从一周两次减少到一周一次时，我注意到你皱起了眉头。
- 大卫：是啊，太糟糕了。我感觉不是很好。
- 咨询师：谢谢你告诉我，大卫。你的诚实对我们的会谈很有帮助。让我们把三 C 技术应用到这上面，看看我们能不能更好地理解发生了什么。在我刚说完我们应该每周减少一次会谈后，你的脑海里浮现了什么想法吗？
- 大卫：我很生气。
- 咨询师：你很好地识别了一种感受——生气。你脑海里浮现了什么想法吗?

- 大卫:你不像以前那样频繁地见我是因为你不喜欢我。

- 咨询师:非常好,大卫。你刚识别了自己的想法。你有多相信这个想法?

- 大卫:90%。

- 咨询师:好。那让我们来检验一下它。它准确吗?它有用吗?

- 大卫:我不确定……我记得你说过我需要通过检查证据来看看一个想法是否准确。

- 咨询师:没错。那么在这个情境中什么证据能说明我不喜欢你,还有什么证据能说明我喜欢你?(如果学生想不到支持某一边的"论据",你可以让学生通过头脑风暴列出所有的可能性,把它们都写下来,然后从列表中选择最可能有用的。)

- 大卫:你见到我的时候会微笑,你会抽出时间来见我,而且你在很多时候都说我在这里做得很好。但是……你在减少见我的时间。

- 咨询师:很好。我建议减少我们会谈的次数的最合理的解释是什么?(如果必要的话,你可以鼓励学生进行头脑风暴。）

- 大卫：我正在取得进展……嗯，我想当我这样想的时候，似乎你减少跟我的会谈次数就变得合理了，因为我做得更好了。

- 咨询师：你刚刚完成了改变想法的步骤！非常棒，大卫。现在你有多相信你的第一个想法，也就是你觉得我不喜欢你？

- 大卫：40%。

- 咨询师：这是一个很大的变化！我想还有很多证据能表明我喜欢你。我知道你说你的第一个想法让你很生气。你现在有什么样的感受？

- 大卫：不生气了。我想我现在的主要感觉是自豪，因为你和我都认为我在进步。我也觉得有点紧张，因为我不确定一周一次会谈是否足够。

- 咨询师：我认为这是一个很好的例子，这说明改变你的想法可以改变你的情绪。你做得很棒！我想知道我们是否可以用同样的方法来找出你认为一周一次的会谈是不够的证据，因为这件事让你感到紧张。你可以试着想一想如果我们一周会谈一次会发生什么吗？

在这个例子中，临床工作者要求学生在改变想法前后分别评估他们信念的强度。这个例子也可以让学生在改变想法前后分别评估对正在检验的想法的相信程度。这些评分能帮助学生认识到三 C 技术如何影响想法和感受，使学生更有可能在会谈外使用这个策略。

大卫和他的咨询师之前的对话中包括三 C 技术的识别、检验和改变。在学生能够像大卫那样应用三 C 技术之前，临床工作者可能需要明确地将检验和改变的过程教授给学生。我们将在本章后面明确描述改变想法的过程。但当学生自发地这样做时，你应该对其予以肯定，就像在上面的对话中大卫所做的那样。此外，当学生在会谈中这样做时，它通常会增强学生的动机以及对咨询的投入程度。下面的对话呈现了米歇尔和她的咨询师的谈话，该对话发生在回顾了三 C 技术之后。

- 咨询师：米歇尔，让我们来看看你刚刚识别到的想法"他讨厌我"，因为我认为你会注意到一些重要的事情。我们来检验一下这个想法。正如我们上次在会谈中讲的，当检验你的想法时，你需要问自己两个问题：这个想法准确吗？这个想法对我有用吗？

- 米歇尔：好的。但我真的觉得他讨厌我。

- 咨询师：你有多相信这个想法？

- 米歇尔：100%。

- 咨询师：好的，检验想法通常需要从看这个想法是不是准确的开始。有什么证据表明你的想法是正确的？

- 米歇尔：嗯，他只是看了我一眼，然后就把目光移开了。

在这种情况下，临床工作者可以用很多种不同的技术帮助米歇尔检验这个想法。例如，米歇尔可以（1）检查支持和反对她的想法的证据；（2）考虑这个人看了她一眼然后目光移开的其他解释；（3）想想她的朋友听到她遇到的问题后会对她说什么，或者如果她的朋友处于同样的情境下，她会对朋友说什么。让我们更详细地看看这些选项。

1. **检查证据** 顾名思义，就是检查学生的想法是否被当时情境中的证据所支持。向学生介绍这一步骤的一种方法是，询问有关情境的哪些内容支持这种想法，哪些内容不支持这种想法。然后，学生列出所有支持和反对自己想法的证据。学生列出所有支持和反对自己想法的证据是很重要的。否则，她就很难改变自己的想法，因为学生可能在她的头脑中持有一些"是的，但是……"的想法，并且可能会破坏三

C 技术起作用的过程。在检查了证据之后，临床工作者需要邀请学生再次评定自己对原来想法的相信程度。如果原来的想法似乎不再完全准确，就鼓励学生找到一个更合理的替代想法，它应该是有证据支持的或是一个 适应性反应 的想法，是可以对应其消极自动想法的想法。她可以把适应性反应的想法加到她的消极自动想法中，从而让它变得更合理。

对于功能较差的学生或更擅长具象化思考的学生，我们使用了一个类似这样的对话："如果我告诉你我的办公室里有 10 张桌子，你会相信吗？"在学生说不相信后，你可以问她怎么知道这个说法不是真的。让学生描述她参与检查证据的过程，其中包括环顾办公室发现只有一张桌子。然后，你需要表扬学生"检查"了证据，并鼓励学生把这个过程应用到她的自动想法和信念上。

2. 考虑替代解释　包括寻找其他方法解释情境和其他人的行为。通常，学生在无法给出更现实的解释的情况下，就会出现包括思维陷阱的自动想法。我们鼓励学生写下他们对一个事件的最初解释，然后列出所有其他可能的解释。对每一种解释都根据其真实的可能性进行打分，或将可能性绘制到饼状图中标注出来，就像图 3-9 那样。根据我们的经验，当学生看到饼状图上的所有不同的解释时，他们通常能够很快明白他们最初的想法可能不像他们当初认为的那样可信。

3. 想想"你的朋友会怎么说" 要求学生从受人尊敬的同龄人的角度出发，并将同龄人的反应应用到自己的情境中，从而质疑自己的想法的准确性。你可能会问："凯西（一名受同学尊敬的学生）会对这种情境怎么说？"或者"如果凯西处在你的处境中，你会对她说什么？"咨询师将使用引导式发现来帮助学生形成一种替代的想法或适应性反应。学生们常常发现，用这种不那么个人化的方式，帮助朋友形成替代性想法比使自己形成替代性想法更容易。

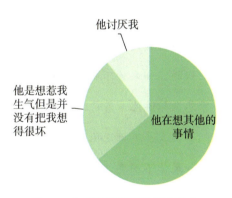

图 3-9 每种解释的可能性有多大

下面是米歇尔和她的咨询师展开的后续对话，展示了如何在三 C 技术的检验步骤中使用引导式发现和考虑替代解释（Granholm et al., 2004, 2005）。这段对话也展示了前两个 C 是如何改变米歇尔的想法的。

- 米歇尔：嗯，他只是看了我一眼，然后就把目光移开了。

- 咨询师：那你当时有什么感受？

- 米歇尔：我觉得自己像一个失败者。

- 咨询师：听起来发生这样的事真的很令人不快。我想知道他是否曾经也瞥了别人一眼，然后把目光移开，只是在想着其他事情，而不是因为讨厌他们？或者甚至没有想到过他瞥了一眼的那个人。

- 米歇尔：我不知道他在看其他人的时候是怎么想的，但我知道他在看我的时候在想什么。

- 咨询师：好的，如果你不知道他看着别人的时候在想什么，你怎么知道他看着你的时候在想什么呢？

- 米歇尔：其实我并不确定他的真实想法。

- 咨询师：如果你不确定，有没有可能你是在做最坏的假设或不正确的读心术？

- 米歇尔：也许吧。

- 咨询师：你认为这种可能性有多大？我们发现你有时

很容易掉入思维陷阱，比如读心术和草率地下结论。

- 米歇尔：嗯，听到你这么说之后，我觉得可能是自己做了最坏的假设。

- 咨询师：如果你要花一段时间在脑海中"做最坏的假设"，我们是否也应该花一些时间来"列出更合理的假设"？

- 米歇尔：有道理。

- 咨询师：好，那可能是什么？

- 米歇尔：那一刻他可能根本没有想到我。他可能在想别的事。

在以上的对话中，你有注意到咨询师是如何使用引导式发现的吗？此时咨询师会鼓励米歇尔写下她的替代 / 更可能的解释，然后把它们做成饼状图。

- 咨询师：现在你已经把所有这些解释都画出来了，我发现你的第一个解释只占了图表的 20%。现在，你有多相信"他讨厌我"这个想法？

- 米歇尔：也许 20%。

- 咨询师：哇，你对它的相信程度减少了 80%！你当时说这件事情发生的时候，你感觉非常糟糕。现在想想，你有什么感受？

- 米歇尔：我感觉没那么糟糕了。我是说，如果他当时在想别的事，为什么我还要感到烦恼呢？所以我现在觉得还好。

- 咨询师：所以你认为如果你在未来像这样进行思考的过程会对你的消极情绪产生什么影响？

- 米歇尔：如果我的消极想法没那么强烈，我可能就不会感觉那么糟糕了。

- 咨询师：非常棒，米歇尔。

考虑一个想法是否有用

虽然我们已经花了很多时间研究如何处理并不完全准确的想法，但是有时学生的想法是准确的且令人痛苦的。如果是这样，我们的下一步就是检查这个想法是否对学生有帮助。在这么做的时候，你会鼓励学生思考继续允许这个想法在其头脑中保持活跃对自己有多大帮助。下面是咨询师和大卫之间的对话的一个例子，关于大卫的自动想法是准确的而且是令人痛苦的，但是从结果上说，这个想法对他并没有帮助。

- 咨询师：听起来，使你产生压力的原因之一是你发现自己在课堂上想"我永远不可能像班上其他人一样阅读得那么快"。

- 大卫：是啊，我不可能阅读得那么快。我的阅读速度很慢，因为我有学习障碍。

- 咨询师：首先，你很好地识别了这个想法——"我永远不可能像班上其他人阅读得那么快"。让我们来检验一下……请记住，检验包括两个步骤，包括……

- 大卫：这个想法准确吗？这个想法对我有用吗？这个想法是准确的……

- 咨询师：那么，在课堂上想"我永远不可能像班上其他人阅读得那么快"对你有帮助吗？

- 大卫：不，我想这对我并没有帮助。我想得越久，感觉就越糟，我不想再思考这个问题了，我只想去自助餐厅吃东西。

- 咨询师：我理解这种想法会让你感觉很糟糕。你做得很棒……你刚刚检验了自己的想法，现在让我们来改变它，因为它对你没有帮助。

- 大卫：好的。

临床工作者和学生接下来会一起进行三C技术的下一步：改变。当学生很好地掌握了前两个步骤后，你可以布置作业，让他们在会谈外练习这些技巧。

改变

改变想法——三C技术的第三步——通常会自然而然地紧接在检验的步骤之后，就像之前大卫和米歇尔与咨询师的对话所呈现的那样（Granholm et al., 2004, 2005）。改变想法的策略有很多，但学校中最常用的策略是行为策略（我们将在第四章介绍这种策略）和引出替代想法及适应性反应的认知策略。

替代想法将学生不准确的或无益的想法替换为更准确的想法，要么直接挑战这种想法，要么对这种想法进行改良。通常，这些想法是在学生识别出自动想法对他们没有帮助或不准确之后，在引导式发现过程中形成的。通过继续进行引导式发现，你将能够帮助学生探索更准确的或更有益的想法。一个好的替代想法最重要的特点是它让学生觉得它是可信的，而不仅仅是一个"快乐的想法"。你需要让学生自己说出替代想法，而且要足够简短以便学生能快速说出来。在形成一个替代想法后，你将鼓励学生在会谈外练习使用它。你需要帮助学生了解刚开始使用替代想法可能是困难的，但他练习的次数越多，他就会在用新想法替代他的消极想法时做得越好。你可以用骑自行车的比喻："在你第一次学会了骑自行车之后，你骑的次数越多，你就能骑得越轻松。替代想法与此类似。你使用替代想法的次数越多，你就会在使用它时做得越好。在使用替代想法一段时间后，这个过程就会自动形成，就像学骑自行车一样，当你练习过一段时间后，骑自行车就会变得自动化一样。"进行足够多的练习后，替代想法就会变成一种自动想法。

> 替代想法不仅仅是一个快乐想法，而是帮助学生用他们的语言形成他们相信的想法。

应对卡片

我们建议你写下在与学生会谈时使用的技巧，以便学生可以在会谈外的时间复习。一种方法是使用应对卡片

（Beck，1995），这些卡片可以帮助学生评估他们的自动想法，并激励他们朝着自己的短期目标和长期目标努力。我们先看看可以用来评估自动想法的应对卡片。

　　学生可能需要使用一种适应性反应的想法替代一个无益的或不准确的想法。例如，即使一名学生在做了关于这些自动想法是否总是准确的或有帮助的引导式发现之后，他在走廊里意外地被另一名学生撞到，也可能会不由自主地想："他想要找我麻烦！"不要期望学生立即自动想到"走廊很拥挤，所以那可能是个意外"，一开始应该鼓励他按照这种自动想法做出适应性反应，比如"他在找我麻烦！……我假设了最坏的情况，他可能只是想去他该去的地方，结果却不小心撞到了我"。

　　应对卡片是由学生和临床工作者共同创建的，主要被用来为情境和想法提供有用的回应。例如，当大卫第一次来到你的办公室时，他一开始说的其中一个想法就是"我永远都不够好，我永远不能合群"。在与大卫一起工作两个月后，你和他都注意到，当他总是深陷在自己的固有想法，即认为自己是一个失败者和怪人，并从各种情境中退缩时，这些想法经常出现在他的脑海中。在一次会谈中，你和他形成了一

种适应性反应的想法，以应对他的自动想法，比如"我无法
总是那么的合群，但许多伟大的演员在高中时也是如此，这
让我变得与众不同，也让我以一种好的方式变得独一无二"。
大卫在一张纸上写下他的自动想法和适应性反应，然后把这
张写有适应性反应的应对卡塞进他的钱包。同时，他还在手
机上为自己保存了写着有帮助的想法的备忘录。事实上，大
卫可以把他写有适应性反应的应对卡存放在任何他容易记住
和接触到的地方，比如放在他的梳妆台的抽屉中、他的电子
邮件里，或者他的背包里。在会谈之外挑战想法的初始阶
段，每次他发现自己在想"我永远都不够好，我永远不能合
群"时，他都会跳出来并阅读对自己有帮助的想法。请记
住，这远不仅仅是"想快乐的想法"或者一种普通的肯定。

应对卡也可以帮助学生处理特定的问题。阿尔弗雷德和
他的咨询师发现，当他在走廊上被撞到时，他经常会产生这
样的自动想法："我要在那家伙找我麻烦之前把他拿下。"在
他和咨询师确定了这个想法之后，咨询师可以通过制作应对
卡帮助阿尔弗雷德改变他的这个想法和反应。例如，图 3-10
和图 3-11 中的应对卡旨在为阿尔弗雷德的自动想法提供适
应性反应，并提醒他使用适应性反应的理由。

我的自动化想法:"我要在那家伙找我麻烦之前把他拿下。"
适应性反应:"我需要停下来仔细思考，因为我在学校的时候和在街上是不一样的。不同的地方有不同的规则，而且我想向我的弟弟展示如何在这两个地方都成为一个成功的人。我只要走开就好了！"

图 3-10　适应性反应卡片

为什么在我出拳之前要停下来好好想想?

- 我可以教我弟弟一个更好的处理问题的方法。
- 我可以回到摔跤队并有希望能申请到奖学金离开这里。
- 回击会给我带来麻烦，跟这些家伙计较不值得。
- 在学校和大街上有不同的规则，如果我想离开这里，我就需要入乡随俗按这里的规则行事。
- 我需要向我的弟弟展示如何在学校和生活中取得成功。
- 记得问问自己——这个问题值得让我失去离开这里的机会吗?

图 3-11　应对卡：停下来思考的理由

当咨询师和阿尔弗雷德继续一起工作时，阿尔弗雷德提到他想要回到摔跤队，但他认为教练不会让他归队，因为他太久没有练习了。即使这个想法可能是真的，但阿尔弗雷德在没有经过检验的情况下就假设这是正确的，因此他甚至不打算尝试回到摔跤队。在认识到这一点后，咨询师和阿尔弗雷德制订了一个能让阿尔弗雷德可以检验他对教练的消极假设的计划。当学生有一个感觉太宏大、太复杂或者太令人畏

惧的目标需要达成时，这种类型的激活 / 激励卡就特别有用。

为了写出一个激活 / 激励卡，你需要和学生一起清晰地定义目标。接下来，帮助学生仔细思考实现该目标的每一个步骤。这些步骤应该是具体的、可观察的和可掌控的。你还需要使每个步骤都具有可控性，以便它们能够实现。你可以将已经实现的目标从清单上划掉，帮助学生认清他们的目标是可以达到的，而不是难以实现的。你应该和学生一起将任何潜在的障碍都识别出来，并且使用应对策略或者解决问题的方法克服这些障碍。阿尔弗雷德创建了一个激活 / 激励卡，如图 3-12 所示。

重返摔跤队的计划

- 提醒自己，我是一个坚强的人，因为我选择回到摔跤队，而不是离开
- 和我的咨询师进行角色扮演说出我想对教练说的话
- 安排一次与教练的私下会面
- 告诉教练我将来将如何更好地处理与队友之间的问题
- 与我的咨询师一起练习使用更好的愤怒管理技巧
- 每周和教练确认我能做得更好的方面，然后坚持做下去

图 3-12　应对卡：激活 / 激励的话语

随着持续的练习，阿尔弗雷德将内化替代性的想法，甚至可能开始逐渐动摇潜在信念。当他继续使用这些卡片（或手机上的备忘录等）来记住他更有益的思维方式时，形成替代想法对他来说就会变得更自然，最终这些卡片可能就不再

是必需的了。此外，随着阿尔弗雷德对世界的潜在信念转变为一种允许他信任他人并在非危险情境下感到安全的信念，并且随着他的行为模式变得不再那么极端，咨询师将引导咨询进入最后阶段，我们将在第五章描述这部分内容。咨询的最后阶段着重于优化应对技巧和预防复发。

　　激活/激励学生的应对卡旨在帮助学生做出改变。例如，安加奈可能会很好地利用应对卡。她的目标之一是完成高中和大学学业的同时抚养她的孩子。这个目标相当宏大，所以把它分解成更易于管理的步骤会使计划变得更可行。安加奈决定，她的短期目标是完成学业，同时分娩和抚养孩子，所以她的咨询师可以建议她制订一些计划以帮助她读完高中，以及为上大学提前制订计划。学生可以把行为策略填进这些卡片中。我们将在第四章介绍这些行为策略。安加奈和她的咨询师可能会绘制出一张应对策略卡，如图 3-13 所示。

　　目前，这张应对卡包含的步骤已经足够多了，但试图在一张卡片上将完成她的高中和大学生活的计划写全真的有点困难，而且很可能会让安加奈比刚开始咨询时感到更不知所措。然而，像我们在前文中提到的制定这些合理的步骤可以帮助学生们感觉到，即使是大的问题也可以被拆解并一步一

完成九年级学业的步骤

- 计算出我的预产期，这样我就可以对我的学业进行规划
- 让我的老师知道，那段时间我将因为身体健康的原因不能上学
- 问问我的老师，在孩子出生前我是否可以提前做一些功课
- 制定一个时间表提醒自己需要在孩子出生前完成的功课，并包括一个我将为生育孩子离开学校多久的计划
- 看看我是否可以从导师那里得到帮助
- 每周末检查我的日程安排进度
- 生完孩子后，每两周和老师联系一次，看看我需要做些什么才能顺利完成九年级的学业，并把这些事情加到日程表中
- 提醒自己：我可以为了我自己和我的孩子这么做

图 3-13 应对卡：达到目标的步骤

步地予以解决。另一张有长期目标的卡片也可以帮助安加奈意识到她在对这些更短期目标保持关注的同时，也对长期目标保持着关注。像安加奈这样的学生也会在这一过程中培养一种掌控感，因为他们能够核对他们已经完成的步骤，并且能够为此强化自己的能力。

成功路线图

我们在本书中引用了一些高功能学生的案例，但学生的功能水平和能力各异。有些学生可能会纠结于某些认知疗法

的概念，有些学生可能不愿意将自己的真实想法或情况写下来，而有些学生可能会被有创造性的情感表达方式所吸引，或者有其他原因可能需要你调整自己的技术。对于那些功能较差的学生或者有更多创造性天赋的学生，你可以通过加入绘画活动来优化许多技术的效果。我们发现一种叫作**成功路线图**（road map to success）的绘画练习在帮助学生确定实现目标的步骤方面非常有效，正如安加奈在一张应对卡片上写下她的目标时所做的那样（见图 3-14）。学生不需要写出一个目标清单，只需要在一张彩色路线图上绘制目标。这张路线图可以在会谈开始时完成，也可以在会谈之外完成。在制定通往成功的路线图时，指导学生首先列出她的短期（一周，两周，一个月）目标以及她的长期（六个月，一年，直到高中毕业等）目标。在她确定了短期目标和长期目标之后，你可以和她一起识别她的治疗锚点的障碍或弯路，比如做最坏的假设（思维模式锚点）或者喝酒（行为模式锚点）。最后，通过询问和列出应对策略——使用三 C 技术、应对卡或任何行为策略——来检查学生将如何处理这些障碍。

然后，学生们可以在路线图上描绘这些目标，在达成每个目标时都附加图片，在可能偏离成功之路时也附加图片。

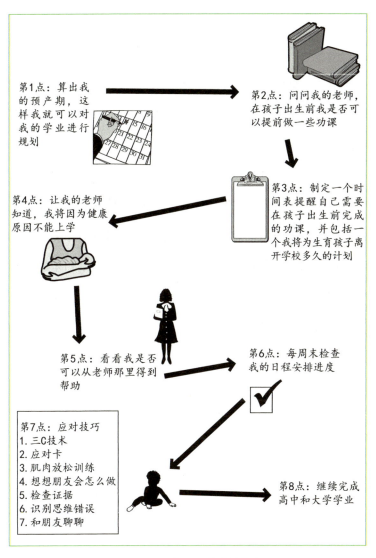

图 3-14　安加奈通往成功的路线图

学生可以自己画上去，可以用杂志上的剪报，也可以拍摄照片，或者用其他让学生参与到这个过程中的方法。学生可以在路线图一侧的方框中列出应对策略，作为学生应对生活挑战的所有技能的索引。我们举了安加奈与她的咨询师所创建的路线图的例子。

路线图的形式可以多种多样。学生在绘制路线图时可以按需进行调整。路线图只是本书的其中一种可以帮助你的学生更投入咨询过程的方法。在进行这些练习时请尽情发挥你们的创造力，你和你的学生都会在这些会谈中得到乐趣。本书的附录 3-7 是一个空白的路线图，你可以将其作为自己工作的起点。

当学生不能检验或改变一个想法时应该怎么办

我们建议，在认知疗法中，当一名学生难以取得任何进展的时候，你只需要放弃，然后另请一名学生来试一试。当然，我们绝不会真的建议你放弃。相反，我们鼓励你对那些似乎陷入困境的学生使用幽默，这是我们在培训学校临床工作者时使用的方法。他们可能需要在学习认知疗法或帮助学生解决问题的过程中短暂地休息一下。当然，有效使用幽默是每位临床工作者自己治疗风格的一部分，临床工作者使用幽默的频率或好坏各不相同。请留意你自己的风格和优势，记得在适当时刻使用幽默时要足够放松。同时，要注意学生的人际关系风格和你对学生情况的概念化，确保只在对学生有帮助的时候使用幽默。

当学生真的看起来"卡住"了的时候，一个重要的问题是他们为什么卡住了，具体问题如下所示。

- 是技能或能力缺陷在妨碍学生解决问题吗？
- 是这名学生没有投入咨询当中吗？
- 学生是否产生了一些阻抗？
- 这些概念的解释方式是否对学生来说过于复杂？

这个列表列出了可能让你和学生觉得咨询卡住的主要原因。不同的原因会需要截然不同的干预方式。接下来，我们将介绍认知取向的临床工作者可以概念化让你和你的学生陷入困境的情况以及如何进行干预的方法。

反向角色扮演

一些学生可能不愿意与学校的临床工作者一起工作，因为他们假设（自动想法）临床工作者会像其他自己过去遇到的没有帮助到他们的工作人员或权威人士一样。在其他情况下，学生可能因为情绪或智力问题难以理解认知疗法的概念，或因为介绍概念的方式太复杂导致他们难以掌握。为了更好地理解是什么阻碍了咨询的进展，你可以尝试使用反向角色扮演（Beck et al., 1993）。

在反向角色扮演中，你将邀请学生扮演咨询师，你扮演学生。你可以鼓励学生坐在咨询师的椅子上，让他尽自己最大的努力成为你—— 一位咨询师。然后你可以以学生的身份开始角色扮演，讲述他以前无法识别或改变的思维模式，或者其他让学生卡住的问题。学生在扮演你的时候做出的反应可能是非常具有启发性的。如果学生作出了恰当的回应，并且能够识别和改变思维模式，那么很有可能不是因为技能不够成熟——阻抗可能才是罪魁祸首。

你可以通过识别和挑战学生的自动想法，随后改变你的方法来解决阻抗。如果学生扮演的角色夸大了你的风格（或者是一个准确的但让你感到不舒服的状态），开放地接受这些反馈，并用它来调整你的方法。你可以通过使用不同的方法呈现信息来解决技能缺陷。这是另一个发挥你的创造力并且以不同方式来帮助学生投入咨询过程的机会。

在对少管所的青少年进行研究的过程中，我们发现反向角色扮演对那些有对立违抗行为模式的学生尤其有用，他们经常会带着"我不会玩你的游戏"这样的自动想法来咨询。这些学生可能也会享受当他们成为咨询师和你成为学生时发生的权力转移。这个过程对你和学生来说可能很有趣，因为他们会代替你成为一名被讽刺的咨询师，我们经常听到这样的讽刺："好吧，你需要改变你的思考方式，然后才能改变你的感受！"这些学生，就像你的学生一样，需要在反向角色扮演之后受到表扬，你也需要将在角色扮演中学到的东西运用到咨询当中。

认知疗法中的阻抗

认知取向的临床工作者认为阻抗与学生对临床工作者、

咨询过程和他们自己的想法直接相关。为了解决这个问题，当你感觉到学生在阻抗时，你可以在会谈中问学生："你现在在想什么？"如果你感觉这种阻抗可能与她对治疗过程的想法有关，你可以问："我能做些什么让它对你更有帮助吗？"或者"你对来这里或我们正在做的事情有什么想法？"如果你认为这种阻抗可能与学生担心向你透露一些信息有关，你可以说："作为一名咨询师，我能做些什么来帮助你理解你自己说的任何内容都是可以的，而且我真的可以帮助你。"如果你怀疑是学生对自己的情况产生的自动想法导致了阻抗，你可以这样说："什么样的事情会让学生在这里难以启齿呢？"这些句子中的任何一个都可以接在类似这样的一句话后面："我非常感谢你今天来这里，我希望你能帮助我了解来这个咨询室的学生有什么样的感觉。我想问你几个问题，我真的想让你知道的是，你无论说什么都可以。"

识别和改变潜在信念

本章介绍的技巧直接针对干扰学生达到目标的思维模

式。这些技巧在改变思维模式方面非常有效，而且它们也可能会间接地削弱维持这些想法的消极潜在信念。随着学生改变他们的行为和想法，随着更多积极体验的出现，学生会发展出更强的自我效能感，以及对自己的更现实的和积极的看法。我们用空气、土地和水的比喻向学生和学校临床工作者描述了这个过程。

空气、土地和水的比喻将潜在信念的改变描述为一个与思维模式和行为改变有关的过程（Cory Newman，2010）。就像在炎热的夏天，空气的变化比土地的变化更快一样，行为模式的变化也比思维模式的变化更快。行为模式的持续变化会带来思维模式的变化。而且，就像夏天炎热的天气使湖泊或海洋的温度上升一样，改变潜在的信念也需要数月的思维和行为模式的改变（见图3-15）。我们可以用下面的方式向安加奈解释这一点。

- 咨询师：安加奈，在炎热的夏天，什么会首先发生变化，是空气还是脚下的土地？

- 安加奈：中午的时候会很热，所以空气很热，但是土地需要一段时间才会变热。只有在一天中出现持续高温的情况时，地面才会变热。

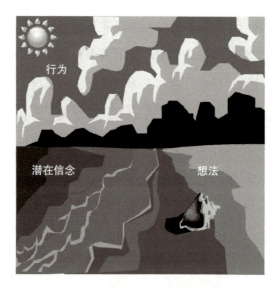

图 3-15　空气、土地和水的比喻

- 咨询师：没错！这与人们在改变时所经历的过程是相似的。在几天或者几周的时间里改变你的行为，比如不要回避紧张的情境，会有助于改变你的想法。你能想象吗？

- 安加奈：我想我能。我的意思是，这不会马上发生。我不能突然改变想法。但我想这是有道理的，当我尝试用不同的方式做事情一段时间后，我可能会开始用不同的方式思考。

- 咨询师：很好，安加奈。你对这些事情的开放态度让我印象深刻。你好像真的明白了！那么让我们继续这样做。在夏天刚开始的时候，即使已经热了几个星期，海洋里的水是什么样的？

● 安加奈：是冰冷的！去年六月初我去了海滩，但我没法忍受待在水里。我感觉天气很热，但是水很冰。

● 咨询师：对。但是如果你在八月底去呢？你觉得那时候会是什么感觉？

● 安加奈：夏天要结束的时候海水总是很温暖。通常我会只在这个时候去游泳。

● 咨询师：没错。海水需要一个炎热的夏天才能改变。到了夏末，海水已经被所有的温热空气和附近的温热地面加热了。同样的事情也发生在你身上，安加奈。这需要时间，但你一直在努力改变你的行为模式（如空气温度）和思维模式（如地面温度），如果你继续这样做，它将改变你的潜在信念（如海水温度）。

这对年龄较小或功能水平较差的学生来说可能很难理解，你可能只想把这个比喻用在那些咨询计划与潜在信念相关的学生身上。我们发现，这个比喻可以使这些想法对学生来说变得更具体，这样一来，认知模式的改变对他们来说就变得更容易理解了。

箭头向下技术

我们推荐用于识别潜在信念的主要技术是箭头向下技术（Burns，1980）。这种技术专门用来帮助临床工作者和学生更好地理解潜在核心信念在学生的困难中所起的作用。对于那些咨询计划与潜在信念相关的学生，你可以使用箭头向下技术来理解并向学生展示他们的潜在信念与问题之间的关系。然而，你也可以对需要改变行为模式和思维模式的学生使用箭头向下技术。箭头向下技术可以帮助你理解这些学生的潜在信念，并对他们形成准确可靠的认知概念化，即使他们不用进行这么深层次的工作。

> 箭头向下技术帮助学生深入探究自动想法的意义，寻找潜在的信念。

箭头向下技术侧重于与学生一起探索"自动想法对学生来说意味着什么"。它所基于的理念是学生的自动想法反映了他们对自己和世界的信念。在会谈中，当学生的想法是潜在消极信念的反映时，你会发现学生通常会体验到一种消极情绪。当这些信念被激发或激活时，学生会感到悲伤、愤怒、羞耻或心理上的痛苦。你可能会从学生的面部表情、肢体语言和其他非言语线索中读出这些感受。你也会注意到，学生们会发现很难改变这些消极的想法，因为这些想法与他们的潜在信念紧密相连。这些信念是他们看待自己和世界的基础，也是很长时间以来他们进行思考的深层基础。

也就是说，青少年的潜在信念往往比成年人的潜在信念更容易改变，因为前者更具可塑性，而且在大多数情况下，它们仍在发展和变化。由于高中生的潜在信念具有基础性和发展性，因此你在检验和挑战他们对自己和世界的信念时，可以完成一些最重要的和最有影响力的工作。为了确定学生的潜在信念，你首先要和学生一起探索他们的自动想法对他们意味着什么。这个过程不能是强迫性的，只能在学生能够诚实地与咨询师探究基本的、难堪的信念时进行。下面的对话呈现了咨询师在和米歇尔会谈的过程中是如何运用箭头向下技术的，并举例示范了什么时候应停止或继续。

- 咨询师：你刚才说他讨厌你，当你这样想的时候，你的脑海中还浮现了什么？

- 米歇尔：我觉得自己就像一头肥猪。

- 咨询师：这对你意味着什么？

- 米歇尔：他不想和我在一起。

- 咨询师：如果他不想和你在一起，那这对你来说又意味着什么？

- 米歇尔：你到底在想什么？你让我感觉太糟糕了，我受够了。

这个时候，咨询师需要留意学生的安全感和受挫感，并应该考虑是否要继续使用箭头向下技术。尤其是对有性创伤史或遭遇过其他被剥夺控制权情况的学生来说，咨询师认识到这种技术可能带来的侵入性有多大是很重要的。在这个情境下，如果米歇尔变得抗拒，我们建议咨询师在治疗过程中处理米歇尔对治疗过程的自动想法，或跟米歇尔说明，作为咨询师会关注她的感受并询问她是否希望咨询师在当天的治疗过程中停止询问这方面的问题。或者，如果米歇尔没有变得抗拒，会谈可能会像下面这样进行下去。

- 咨询师：你刚才说他讨厌你，当你这样想的时候，你的脑海中还浮现了什么？

- 米歇尔：我觉得自己就像一头肥猪。

- 咨询师：这对你意味着什么？

- 米歇尔：他不想和我在一起。

- 咨询师：如果他不想和你在一起，那这对你来说又意味着什么？

- 米歇尔：这表明我非常令人讨厌，没有人会想和我在一起。

- 咨询师：如果没有人想和你在一起，又能说明什么？

- 米歇尔：我不可爱。

- 咨询师：我可以想象这样想的话会让你多么痛苦。我想知道这个关于不可爱的信念是否可能是你的其他信念的核心。

然后，咨询师应继续共情米歇尔有自己不可爱的信念会有多么难受，同时应探索这种信念是如何与她的过去和现在的行为及想法相关联的。

挑战和改变潜在信念

如我们在本章和第四章所述，你可以通过帮助学生改变他的行为模式和思维模式间接挑战其潜在信念。然而，你也可以通过使用引导式发现、检验证据和其他认知技术来直接挑战学生的潜在信念。这些技术有时是非常有效的。对于那些前来咨询的问题与潜在信念相关的学生，你可以帮助他们改变他们对自己的核心看法，这可以显著改善他们的生活。

在直接挑战潜在信念的过程中，时机是很重要的。在理想的情况下，你会在会谈的早期识别潜在信念，然后在会谈的中期评估潜在信念。在会谈中期挑战潜在信念，可以让学生有时间应对因讨论自己的消极方面所造成的情绪影响，这样学生就能够在会谈结束时情绪稳定地离开。与医院门诊提供的咨询不同的是，在学校提供的咨询中，学生通常需要在会谈结束后返回课堂，而这需要学生处于一种稳定的情绪状态中。鉴于此，你要确保学生具备应对痛苦情绪的技能，以处理可能伴随着审视自己和改变一些潜在信念而产生的痛苦情绪。如果一名学生处于危机中，你应该聚焦于应对技巧，而不是深入挖掘与危机相关的潜在信念。简而言之，你永远不能让学生在发现潜在信念后哭着或心烦意乱地离开你的咨询室。如果一名学生在会谈快结束的时候感到沮丧，你可能需要延长会谈时间或聚焦于应对技巧。在理想情况下，针对潜在信念工作的会谈将遵循与图 3-16 类似的模式。

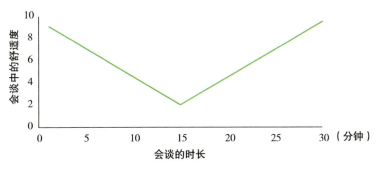

图 3-16　会谈中的舒适度和时长

同样，当你和学生在针对潜在信念进行工作时，你需要留意当时处于整个学期的哪一时间段。在学校放长假（寒暑假等）之前不是在临床上挑战核心信念的好时候，因为你可能没有足够的时间来支持学生消化信息和整合新的、更具有适应性的核心信念。正如图 3-16 所示的会谈模式图所示，咨询的中间阶段应该是最耗费情感的。我们将在第五章更全面地描述你与学生一起工作几个月的咨询过程。早期会谈的重点是问题解决、改变行为和思维模式；中期会谈将针对学生最难改变的、妨碍学生实现咨询目标的方面进行工作；后期会谈的重点是巩固应对技能和预防复发。图 3-17 呈现了整个咨询过程遵循的模式。

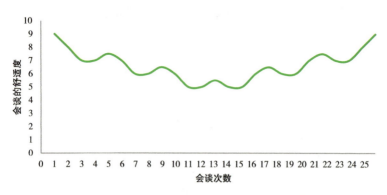

图 3-17　整个咨询过程中的舒适度与会谈次数

　　回顾米歇尔和她的咨询师的最后一段对话后，你能发现咨询师在什么时候挑战米歇尔觉得自己不可爱的潜在信念可能会有帮助吗（当然，这取决于会谈时间以及处于整个学期的哪一时间段）？探讨和评估她的信念的一个方法是建立一个清单，并在清单上列出什么会让人觉得可爱或不可爱。这个清单不应该是关于什么会使她可爱或不可爱的，因为这可能离她的核心信念太近了。相反，你要和她一起列一个清单，并在清单上列出什么会使一般人变得可爱或不可爱。下面的会谈呈现了如何运用这种方法进行对话。

- 咨询师：我真的很高兴再次见到你，米歇尔。在我们上一次的会谈中，什么最让你印象深刻？

- 米歇尔：嗯，我记得我哭了很多次，我们谈论了我认为自己不可爱的信念。

- 咨询师：对。我知道这对你来说有多难，我也记得你坦诚地和我讨论你的信念时你的那种令人钦佩的勇气。

- 米歇尔：谢谢。

- 咨询师：如果你不介意的话，今天我想花点时间讨论一下是什么让其他人变得可爱。我们今天能讨论一下吗？

- 米歇尔：好的。

- （只有在米歇尔没有遇到重大困难并且情绪上准备好这么做的情况下，才会开始讨论什么让一个人变得可爱或者不可爱。以下对话发生在咨询师确认情况确实如此之后。）

- 咨询师：让我们一起写下让一个人变得可爱或不可爱的事情吧。

- 米歇尔：好的。

随后，咨询师和米歇尔进行了头脑风暴，列出了米歇尔认为一个人值得被爱的所有特点。在列出清单后，米歇尔和她的咨询师可以通过问以下问题来评估它。

- "可爱清单"上的内容真的是被爱的必要条件吗？
- "不可爱清单"上的内容真的会让一个人变得完全不可爱吗？
- 真的有人不可爱吗？

在评估了以上这些清单之后，米歇尔和她的咨询师还将考虑米歇尔实际上符合了多少条可爱的标准（她可能符合大多数标准）。如果一名学生声称她不符合可爱或有能力的标准，那么咨询师将使用引导式发现来帮助学生理解自己确实符合标准、如何才能符合标准，或者为什么标准应该被改变。学生对他人的标准可能与对自己的标准不同，这通常是因为他们对自己比对别人更苛刻。通过持续地进行引导式发现，咨询师可以帮助学生理解他们应该使自己对他人的标准和他们对自己的标准保持一致。

那些经历过创伤、在混乱的家庭中长大的学生，或者生活在危险社区中的学生，可能会认为这个世界是危险的，即使现在他们身边的人或环境是"安全的"，这种看法仍然存在。这些世界观可能是非常有问题的，因为它们会干扰学生信任他人或者在他们应放松警惕的时候放松。例如，米歇尔在很小的时候就遭受过虐待，她可能认为所有的男人都很危险，并且只对能否与她发生过分亲昵的关系感兴趣。这种观点如果不加以检验，将会影响她与真正关心她的男性发展关系的能力。

米歇尔的核心信念是男人是危险的，或者用她的话说，"男孩子只对一件事感兴趣"，这导致她形成了中间信念——"从男人那里得到我想要的（注意、关心等）的唯一方法就是给他们想要的东西"。这种信念导致她形成了一种行为模式，即米歇尔通过与男生随意地交往，以期他们会"爱上她"。然而，当这样的行为模式导致她只被视为"性目标"时，她就会不断地失望。

为了帮助米歇尔评估这个中间信念和相应的行为模式，咨询师可以帮助她识别这两者，并与她合作，共同探讨它们在过去是如何对她起作用的。然后，咨询师和米歇尔可以考虑形成替代行为。以下的对话示范了这种谈话可以如何进行。

- 咨询师：在坦诚地讨论你的信念和你所做的事情方面，你真的做得很好。我真的很欣赏你这么做的勇气，我希望我们可以看看你一直以来做的事情，以及一些其他的做事方式。

- 米歇尔：好的。

- 咨询师：那么让我们看看你和史蒂夫之间发生了什么。

- 米歇尔：嗯，我们一定要做这件事吗？

- 咨询师：当然不是，这是你的决定。我之所以选择史蒂夫，是因为这是最近发生的事情，而且这件事看起来和你说过的与其他几个人发生的事情很相似。但是，我们也可以选择讨论其他事情，或者不讨论这方面的事情。

- 米歇尔：好吧。我们可以谈谈我与史蒂夫发生的事。

- （注意：如果米歇尔决定不谈自己与史蒂夫之间的情况，咨询师可以探讨米歇尔不想谈论他的原因。她认为自己会被咨询师评判吗？她是否在告诉自己，她的行为太令自己感到羞耻而不能谈论？她是否认为自己的性行为在咨询中不是一个重要的话题？理解米歇尔的犹豫可以为咨询师提供关于米歇尔的想法和信念的重要信息。）

- 咨询师：我怎么才能知道你想停止谈论这个话题，或者我进行得太快或太慢了？

- 米歇尔：我会告诉你的。

- 咨询师：很好。在我们一起工作的时候，你真的很擅长让我知道你的情况。那么，当你考虑和史蒂夫有过分亲昵的行为时，你最初的想法是什么？

- 米歇尔：我记得我在想，如果我不这么做，他就会离开我。

- 咨询师：你很好地识别了这个想法。让我们来看看。后来你确实决定和他调情亲昵了……但是结果呢？

- 米歇尔：他甩了我，他真是个混蛋！

- 咨询师：米歇尔，我知道这对你来说有多难……你做得很好。让我们看看你的想法。

- 米歇尔：好吧，我是对的！他真的是个混蛋！我真是太傻了，居然以为我跟他调情亲昵，他就会和我在一起。

- 咨询师：那么，看起来你认为和史蒂夫调情亲昵会让他留在你身边的想法并不准确。

- 米歇尔：是的。

- 咨询师：你觉得有没有一些男生会在你不和他们调情亲昵的情况下和你在一起？

- 米歇尔：我认为史蒂夫不会，而且和我约会过的任何一个男生都不会！

- 咨询师：好吧，你可能说到点子上了。你和史蒂夫以及所有其他和你约会过的其他人的关系有什么共同点？

- 米歇尔：他们一开始都喜欢我，但不久之后他们都离开了我。一定是因为我不可爱。

- 咨询师：我不确定他们离开是不是因为你"不可爱"。你还记得这些关系是如何开始的吗？

- 米歇尔：我和男孩调情后我们就在一起了，但在我一和他们发生亲昵的关系后，他们就跑了！

　　在你继续阅读之前，请花点时间写下你如何理解米歇尔所说的内容以及你将如何回应。

　　导致米歇尔形成特定的行为模式的信念是什么？

_____

_____

_____

你如何帮助米歇尔评估这种信念?

_____

_____

_____

你有识别出米歇尔的信念是只有通过性才能吸引并保持男孩对她的兴趣吗?

- (以下是咨询师可以帮助米歇尔检验这一信念的一种方法。咨询师和米歇尔一起回顾了可爱的标准清单,以及她如何才能满足这些标准。)

- 米歇尔:是的,我想我确实看到了我身上有很多让自己显得可爱的特质。但是,他们似乎都没看出来。

- 咨询师:好吧,现在让我们花点时间想想这个问题。我们已经谈过关于这些关系是如何开始和发展的模式。你对此还记得些什么?

- 米歇尔:通常是从调情开始的,然后我们就在一起了。通常在那之后不久,我们就会发生过分亲昵的行为,然后那个男人就会离开我。他们和我在一起,但是他们从来没有看到关于我的那些所谓的"可爱"的方面。

- 咨询师:好吧,让我们猜猜这是怎么发生的。想象一下，当有人开始了解你的时候，他们戴着一副"墨镜"看着你。当一段关系以性开始时，他戴着的"墨镜"就是"性"的墨镜，所以这就是他看你的视角。现在想象一下，一个不同的男人在没有与你发生过分亲昵行为的情况下开始了解你。也许你们可以从当朋友开始，或者互相帮助完成家庭作业，或者一起做其他与性无关的事情。他会用什么样的"墨镜"看你？

- 米歇尔：我不知道，我想这要看情况。他可以从"朋友"的视角看待我，或者从"聪明"的视角看待我，或者从其他的视角看待我。

- 咨询师：很好，那么，哪个视角能帮助这个家伙看到所有你可爱的部分呢？

- 米歇尔：也许是"朋友"或"聪明"的"墨镜"，但这是否意味着留住一个好男人的唯一方法就是永远不满足他的需求，即使我们到了大学也不发生性关系？因为我不想这么做！

- 咨询师：问得好！让我们来看看。如果一个男孩透过"朋友"的视角看你，就像你描述的，你们都等到上大学才发生性关系，这会不会夺走他对你的所有好感？

- 米歇尔：也许不会。我不知道。我知道你想说他还是会喜欢我的其他方面，只是想要更多地了解我，但我不确定是不是真是这样的。

- 咨询师：我能理解你为什么不确定。我想知道我们是否可以试试……我知道你最近一直和詹姆斯（James）在一起。我们能不能想个办法试试看等待会不会让他离开你？

在以上这段对话中，咨询师小心翼翼地不让米歇尔感到羞愧。此外，咨询师也帮助她考虑了建立关系的其他方法，并检验了她认为保持男生对她感兴趣的唯一方法是与他发生过分亲昵的行为的信念。咨询师提到男孩们可能会戴着"墨镜"看待她，用这个比喻来谈论男孩们对她的想法。探索和改变米歇尔的行为模式将帮助她改变对自己和男孩的潜在信念，同时帮助她建立一种安全的行为模式。如果咨询师羞辱她或者要求她永远不要和男孩子有过分亲昵的行为，那就是在重演从她那里夺走控制权的过程，这将在随后强化她觉得自己不可爱的信念。咨询师如果使用羞辱或者说教的方式，很可能导致学生不再来接受咨询，或者不再讨论核心的有问题的信念、想法和行为模式。

支持的证据

　　虽然认知疗法的有效性得到了广泛的研究和支持，但令人惊讶的是，关于具体技术如何帮助来访者发生变化的研究却少之又少。然而，有大量证据表明，来访者的想法与他们的疾病有关，包括抑郁障碍（Gotlib & Joormann，2010；Romens，Abramson & Alloy，2009），焦虑障碍（Cisler & Koster，2010；Clerkin & Teachman，2010），物质依赖（Lee，Pohlman，Baker，Ferris，& Kay-Lambkin，2010），精神病（Mawson，Cohen & Berry，2010），创伤后应激障碍（Bennett & Wells，2010；Cromer & Smyth，2010），以及其他疾病。诸如思维记录表、三 C 技术、箭头向下技术以及其他技术是咨询师帮助来访者识别、评估和改变他们的想法从而改变症状的工具。

　　一些研究已经着眼于认知的改变以及这些改变是如何促使症状改变的。德鲁贝斯和菲利的一项研究表明，认知的改变可以预测来访者症状的改变。西格尔、吉玛尔和威廉姆斯发现认知疗法带来了图式（或核心信念）的改变，而药物治疗则没有，这表明认知疗法正在帮助来访者改变他们的信念系统。后来，西格尔和他的同事们发现，接受过认知治疗的抑郁障碍患者比接受过药物治疗的患者更不容易对引发悲伤情绪的情境产生强烈反应，而那些反应强烈的患者（比如那些没有接受过认知治疗的患者）更有可能复发并再次陷入抑郁。那些报告说自己的情绪在认知治疗会谈期间发生了显著变化的来访者也表示，他们在会谈期间发生了有意义的认知改变，这为认知改变和情绪变化之间有一定关系提供了证据（Persons & Burns，1985）。最后，那些在填写思维记录表方面更熟练的来访者在参加完抑郁的团体认知行为治疗后，抑郁程度也明显低于那些难以完成思维记录表的来访者（Neimeyer & Feixas，1990）。

本章小结

当问题解决不足以帮到来访者时，还可以使用其他认知疗法的技术。本章介绍的技术，如思维泡泡、引导式发现、三C技术、应对卡、替代想法、思维记录表、反向角色扮演和箭头向下技术，可以通过各种方式被应用于解决你的学生所面临的独特问题。你和学生可以在每次会谈中通过发挥创造力和优势来尝试运用这些技术，从而使每次会谈都是个性化的和引人入胜的。在选择技术时，要注意它们如何解决干扰学生实现目标的问题和治疗锚点。

在使用这些认知技术的过程中，我们邀请你将自己视为一位温暖有爱的教练，你需要向运动员传授赢得比赛的技巧。你将像教练一样，一步一步地向学生解释如何使用和应用这些技术，与学生一起练习，然后你需要鼓励学生在治疗之外练习和使用这些技术。同样，你应该像教练一样期待学生在两次会谈之间练习应用这些技术，然后在下一次会谈时报告他／她做得怎么样以及遇到了哪些问题。当学生认为你是一位体贴的教练，并知道你希望他在会谈外练习运用这些技术时，这将帮助他／她最大限度地发挥每一次会谈的影响，并促使他／她运用所学到的内容解决其现在和未来面临的现实问题。

04

第四章

行为技术

行**为技术**是我们之前所讨论的认知技术的重要补充。事实上，如果你想在咨询中取得一定成效就需要聚焦于来访者的行为，而有些行为技术对你来说可能已经很熟悉了。聚焦于行为往往是学校对青少年进行干预的第一个方面。教师、校长、副校长、午餐监督人员和其他学校工作人员经常干预学生的问题行为，因为他们看到这些行为扰乱了他们班级的秩序，在食堂里造成了麻烦，在走廊里引发了打闹。例如，奖励良好行为和惩罚不良行为是学校职工用于维持纪律和管理行为的行为策略。然而，我们在这里介绍的行为技术针对的行为可能与学校教职工针对的行为有所不同，或者咨询师可能需要以不同的方式针对这些行为。如果执行得好，在行为层面进行干预的学校职工通常会在短时间内看到学生发生了明显变化（暂时让问题行为消失）。然而，作为认知取向的临床工作者，你将会同时关注干预对学生和学校带来的短期影响和长期影响。因此你有责任帮助学生在当下和未来都能改变他们的行为。如果你能在关注学生的行为的基础上结合认知技术，你就能了解干预措施为何有效或无效。与其成为管理纪律者，不如与你的学生合作，从而让学生做出改变；这种方法需要咨询师用另一种方式处理行为。

> 认知疗法中的行为技术不仅关注行为变化，而且关注由此产生的思维变化。

回顾我们在本书开头介绍的通用的认知模型，一个人的想法、感受和行为都是相互关联的和相互影响的。我们在第三章介绍了认知三角（Clarke et al., 1990）。本书大部分内容都在关注认知三角的"想法"，在这一角度下你可以帮助学生直接和他们的想法进行工作，进而改变他们的感受和行为。从另一个角度来看，行为策略能帮助学生改变他们的行为模式，这会间接地导致他们的想法和感受也发生变化。咨询师可以通过同时使用认知策略和行为策略帮助学生从多个"角度"做出改变（见图4-1）。

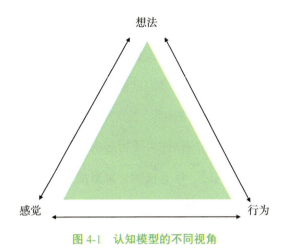

图 4-1 认知模型的不同视角

　　咨询师在与学生进行会谈的过程中需要对行为策略进行规划，然后学生需要在会谈之外实施这些行为策略。你和学生会在会谈中合作确定一个适合作为改变目标的行为，然后制订详细的关于究竟何时、何地，以及如何尝试应用这个行为策略的计划。咨询师可以在任何地方——教室、餐厅、社区内或家庭中——应用这种行为策略。当学生回到你的办公室，准备下一次会谈时，你们两人将会谈到哪些部分进展顺利、哪些部分的难度超出预期，以及学生如何能有效利用所学知识，并将其应用于新的情境当中。这些行为策略可以相互促进，最终使学生做出有意义的改变，就像认知策略相互促进一样。无论你与学生的心理咨询是基于对思维模式或行为模式的改变，还是基于对核心信念的更深层次的改变，行为策略都可以作为检验信念，以及从证据中学习而不是基于假设进行学习的有效方法。

我们对行为策略的描述可能听起来有些模糊，因为策略会因学生的主诉问题、现有技能、家庭能参与的程度、咨询是否基于想法和行为模式或核心信念，以及其他因素的不同而有很大差异。这些行为策略的共同因素是，你需要和学生合作制订一个系统性的计划，来安排学生可以做的具体事情（根据你们正在解决的问题）并设定你的个案概念化。当学生尝试完成这一计划后，你可以帮助他一起回顾他是如何实施计划的；学生在实施计划之前、期间和之后的感受；以及他可以从这个过程中学到什么。

接下来，我们将介绍我们发现在学校咨询情境中最有用的行为策略，包括行为实验、行为激活、安全计划、希望工具箱、替代行为、暴露、渐进放松和冥想。虽然你也可以使用其他行为策略，但是这些策略构成了学校中许多认知疗法的基础。

行为实验

行为实验与认知干预密切相关。在找出那些可能不切实际的想法时，挑战这些想法的一个方法就是通过建立一个能测试学生期望的情境来评估这一想法的准确性。通常，行为实验是在学生假设在某些情境下会发生不好的事情时进行的，即使学生并不能确定这些事情是否真的会发生。在一次行为实验中，大卫和他的咨询师共同创设了一个情境，在这一情境中他们可以评估大卫的中间信念，即"如果他告诉任何人他有学习障碍，那么他就会被其他人排斥"。这个实验需要详细的计划，因为咨询师想要创设一个情境，从而帮助大卫不被排斥。他们会一起制订计划，包括一些关于以下问题的想法。

> 记住在制订计划时要对可能产生的结果做出预判。如果一切顺利呢？如果最坏的情况发生呢？如果结果好坏参半呢？

- 该告诉谁：谁最有可能对他的状况持开放态度？谁会尊重他的隐私，不把这件事告诉别人？

- 该说什么：大卫想要分享多少信息？他喜欢说些什

么？他想如何表达？有什么是大卫不想在这次对话中
分享的呢？

- 何时进行对话：何时是好的时机或者不好的时机？他
  可以计划什么时候进行对话？有什么迹象表明他应该
  等待更好的时机？

- 地点：有没有一个可以让他私下谈话的环境？他在哪
  里会感到舒服些？

- 方式：大卫想要如何分享这些信息？他怎么说才能让
  对方更容易理解和接受？

一旦大卫和他的咨询师制订了一个计划，他们就会进行
角色扮演来练习大卫如何处理对话，以及可能会出现哪些不
同结果。这个计划的一个关键点是考虑所有可能的结果。虽
然大卫和他的咨询师会尽力确保对话顺利进行，但他们无法
控制对方的反应。换句话说，他们会为最好的情况做打算，
也会为最坏的情况做准备。这些准备工作将包括应对对话过
程中任何可能产生的结果的方法（如果大卫得到消极的反
应，他要说什么？他要如何回应积极的反应呢？他要如何结
束对话呢？）以及他在对话期间和之后对自己说的话（"这

个人的反应很糟糕，但这主要是因为他对学生障碍的了解有限，而不是我有什么问题""不管结果如何，我都为自己的尝试感到自豪""我足够坚强，能够处理现在发生的任何事""无论对方反应如何，只要我能把自己想说的话说出来，我就感觉更自由了"）。

在咨询师的办公室计划了这次对话后，大卫将实施他的计划。对话完成之后，他会回到咨询师那里并和咨询师讨论计划进行得怎么样。无论结果如何，我们都能学到一些东西。如果大卫没有继续推进这个计划，他和他的咨询师可以讨论是什么阻碍了计划进展。大卫对自己说了什么让他无法尝试实施计划？发生了什么事？如果他确实推进了计划，对话进行得非常顺利，那么这对他的中间信念（如果他告诉任何人自己的遭遇，他就会被对方排斥）来说意味着什么呢？如果对话进行得不顺利，他会了解到自己应对挫折的能力如何。有没有哪些方面是他下次可以改变的呢？他比自己想象中更善于处理失望的情绪吗？

就像我们的人生一样，行为干预并不总是像我们的计划或希望的那样发生。然而，关键在于，要知道无论实验的结果如何，都会增强我们的洞察力。如果实验顺利进行，那么学生的消极信念可能会被消除或有所改变，朝着更有益且健康的方向发展。如果进展不顺利，由于咨询师和学生已经提前制订了充分的计划，因此他们可以从经验中学习，并在他们再次尝试时应用这些知识。在与像大卫一样的学生合作时，我们发现，他们经常能看到自己能够应对挫折，并对他们尝试面对困难的挑战感到自豪。咨询师和学生在讨论情况后，会利用他们学到的东西，规划一个新的行为实验。

想象一下你现在正在与之一起工作或过去曾经与之工作过的某位学生。那位学生做了什么假设，并在没有检验事实的情况下相信自己的信念是真的？这个假设是如何影响学生处理困难的方式的？你如何设计一个行为实验来检验这个假设？请记住要为实验进展得顺利或不顺利做好充分的准备！

行为激活

行为激活是大多数患有抑郁症的学生使用过的策略（Beck，1995）。当学生变得抑郁、情绪低落时，他们通常会越来越少地参与有趣的活动，这会形成一个循环：当学生几乎不参与能为其带来乐趣的活动时，随之而来的愉悦感的减少会导致抑郁水平更高，这往往会使学生更没有动力去享受乐趣。同样的循环也减少了学生的社交互动和社会支持。学生做的事越少，他和其他人的互动就越少，这种社会孤立会引发更严重的抑郁以及更少的动力去积极地做事。为了扭转这一循环，你可以和你的学生一起计划使其参与有趣的活动。你们计划的活动应该是那些能让学生感到自己拥有一定掌控感的活动。随着时间的推移，选择有助于增强学生掌控感的活动也会有助于减轻与抑郁相关的想法和感受。比如，逐渐增强在社交活动、运动、爱好和其他令人愉快的活动中的胜任感，会使学生花更多时间参加这些活动，并让他感到自己在这些领域中正在变得越来越熟练。

这个过程的第一步是了解这名学生在自己的生活中曾经经历过多少快乐和乐趣。例如，你可能会让米歇尔记录她在这周做过的所有有趣的或让她感到开心的事情。你和米歇尔可以以此为基础，了解什么可以让米歇尔感到快乐。接下来，你们可以一起安排米歇尔享受这些消遣活动的具体时间，尽量在一周内多参加这类活动。米歇尔也可以列出一份能让她感到愉快的活动清单。这份清单应该包括那些她方便进行的活动。例如，去游泳可能是米歇尔喜欢做的事，但只有当米歇尔有机会去游泳池时，才可以把游泳列进清单里。

在纽约度过一个周末对大多数人来说或许是难以实现的，但如果米歇尔在纽约有可以拜访的家人，也有周末去那里的办法，那么这就可以作为一个合适的活动列在她的清单中。如果米歇尔很难想到有趣的活动，你们可以参考附录4-1 中列出的愉快活动清单来获取灵感。你们还应该考虑是否有任何负面因素可能与这个有趣的活动有关。比如，基于米歇尔对男生和性相关的信念，计划一次和男生的亲密相处可能对她来说不是一个好的选择。即使这会在当下为她带来快乐，但她可能最终会付出情感上的代价。

不管你们选择的是米歇尔现在已经在做的并打算之后更频繁进行的活动，还是她每周计划尝试的新活动，一个关键步骤是要具体地规划何时以及如何参与这些活动。比如，仅仅计划在纽约度过一个周末对一名患有抑郁症的学生来说是不够的，即使她能有机会也有资源去旅行。如果没有额外的规划，米歇尔不太可能真的去纽约。抑郁的学生往往很难尝试参与一项活动（尤其是像旅行这样的活动），这就是患有抑郁症的人随着病情的恶化会越来越难以参与活动的原因。然而，如果你和米歇尔制订一个循序渐进的计划，那么她执行这个计划的可能性就会增加。这个计划看起来可能和上述的行为实验中的计划是类似的。

- 要做什么：具体来说，对米歇尔来说有趣的活动是什么？参与活动所涉及的步骤都包括什么？

- 方式：米歇尔会如何参与这项活动？她有她需要的资源吗？她需要采取哪些步骤才能让自己成功参与这项活动？

- 谁：米歇尔会让哪些人参与这项活动？如果有其他人参与其中，这个人会给米歇尔的计划造成阻碍（比如，说他/她不能参加）吗？还是有可能支持米歇尔的计划？

- 地点：米歇尔实施这项计划的最佳地点是哪里？

- 时间：米歇尔具体在什么时间会做这项活动？她会在

哪天以及什么时候做？有什么可能会阻碍她在计划的时间段进行这项活动？

你和米歇尔应该为任何可能破坏她计划的事做好准备。比如，你可以和米歇尔进行角色扮演，练习询问她的亲戚她是否能到纽约拜访他们，她可以在你的办公室通过打电话给亲戚询问他们。你们也可以一起想出任何阻碍她参与有趣活动的障碍，然后计划如何消除这些障碍。米歇尔可能会说，虽然她有游泳会员证，但是她不能去游泳馆游泳，因为她没有泳装。接下来你们可以解决问题，比如米歇尔怎样才能得到泳装。当所有的计划都完成时，你们应该写下具体进程，这样米歇尔就能方便地看到所有计划细节。

当米歇尔为这周的有趣活动制订了具体的书面计划后，她就会付诸行动。在下次会谈中，她将与你讨论计划进行得如何。就像行为实验一样，不管结果怎样，她都可以学到一些东西。如果米歇尔没有实施这个计划，你们可以一起思考是什么阻碍了她。如果计划进展顺利，那么你和她就可以回顾并讨论她在活动之前、期间和之后的感受。与米歇尔一起探索她行为的改变是如何改变她的心情的，以及这些改变是如何影响她的信念的是尤为重要的。比如，如果她喜欢去纽约拜访她的家人，那么她与家人之间的积极互动，也许就能证明她的价值远远不是她想象的那样一无是处。如果米歇尔在旅途中的心情完全放松，那么她的关于只有食物，以及与男孩交往和割伤自己才能改变或改善自己的情绪的方法的信念也会重新得到评估。随着米歇尔继续将更多的、令人愉悦的活动加入她的每周计划内，这些增加的快乐时刻、活动和社交互动也将有助于你们的会谈，以帮助她减轻抑郁。

针对自杀想法的学校背景下的认知疗法

青春期是出现自杀想法和行为的高风险时期。2006 年，自杀是导致美国 10 至 14 岁和 15 至 19 岁青少年死亡的第三大原因（Centers for Disease Control and Prevention，2006）。因此，在学校环境下和青少年进行工作的临床工作者接触到这个问题的可能性非常高。在美国，根据你所在地方的法律和政策，有严重伤害自己或其他人的风险的学生可能需要比一般学校环境中能提供的更密切更细致的监护和治疗。因此，应该对那些有安全风险的学生提供转介服务。对于那些有自杀想法但仍适合接受你在学校能提供的治疗服务的学生，使用第三章中介绍的认知策略以及下述的特定行为策略可能是较合适的。

> 记住要评估学生是否需要比你在学校能提供的更高层次的治疗，并记住要遵循学校政策和当地法律。

你在学校为学生提供咨询能为学生与重要他人合作提供机会。学校是一个独特的环境，同伴和老师能为学生带来很大的影响。一个针对自杀预防与干预工作特别有效的方法是为其他学校职工提供了解关于自杀的警示信号的培训。双管齐下的做法往往是有效的：利用校务会或其他机会，告知所有学校职工有关高危学生的具体信息，然后直接与高危学生联系密切的职工交流。再次提醒，在共享此信息之前，请记住核查你所在地区的隐私法和学校的政策，因为有些地区和学校可能需要得到学生的明确许可后才能这样做。

另一个重要的步骤是要和那些告诉你他们的朋友或学生有自杀倾向的学生或教职工沟通，这样的做法并不意味着背叛学生。老师、同伴和其他人常常在学生对自己坦白有自杀想法并要求保密时感到两难。学校要与高危学生的同伴和老师沟通，告诉他们与吐露这个秘密相比，保守关于自杀的秘密是对这名学生更大的背叛。特别是同伴，他们通常能理解这个想法，即有一个活着并因为你把秘密告诉别人而对你感到愤怒的朋友，总比虽然自己保守了秘密但是朋友却离世要好。

希望工具箱

开发一个希望工具箱是一种经常在学生出现自杀想法时使用的行为策略，尽管希望工具箱对经历了痛苦但还不至于自杀的学生也很有用（Wenzel，Brown，& Beck，2009）。学生可以自己开发希望工具箱，也可以借助你的帮助与你一起开发一个希望工具箱。最常见的情况是，希望工具箱是一个真实的盒子，由学生装饰并放入可以帮助其在想到未来时感到备受鼓舞、保持乐观或充满希望的物品。需要学生放入希望工具箱中的一个关键物品是活着的理由清单（见附录 4-2）和活着的利弊清单（见附录 4-3）。这些列表应该在会谈期间制定好，以便学生在思考激励他们活下去的原因和利弊，以及在评估这些原因的力量时能获得支持。这些想法应该主要由学生提出，这样的话，这些理由才能和学生产生共鸣，并能改善学生的情绪，足以令人信服，即便是在危急时刻。但是，你可以在引导学生选择清单上的项目时提供很多帮助。

除了活着的原因清单和利弊清单之外，这位学生还可以把任何其他为自己带来希望的东西放在盒子里。许多学生都放了照片、诗歌、信件、祷告卡、应付卡或其他有助于他们保持积极的物品。咨询师需要做的特别重要的一步是帮助学生评估这些选择。例如，安加奈可能会建议把一张宝宝的超声波图像放在她的希望工具箱里。如果这张照片持续让她感到备受鼓舞和能保持乐观，那么这张照片就是一个好的选择。然而，如果她在思考宝宝会如何影响她的人生时，有时会感到苦恼或不知所措，那么这张照片就不是个好选择。放入希望工具箱的物品应当能始终提供积极的情绪和想法。

希望工具箱可以作为学生应对策略的一部分，也可以单独作为一个行为策略发挥作用，为那些需要支柱的学生提供积极的想法和情绪。当学生意识到自己正在思考那些令人痛苦的想法或感到沮丧时，翻看希望工具箱会很有帮助。与值得信赖的朋友或家庭成员分享希望工具箱也能为学生提供支持。

替代行为

　　青少年有时会做出一些问题行为，尤其是在学校情境下。例如，有时学生可能会在走廊或教室里闲逛，对不太受欢迎的学生颐指气使，并在课堂上大声说出不恰当的答案。这类行为问题通常由教师和其他维持纪律的人员管控。然而，当学生把这些行为视为自己的问题时，或者当这些行为阻碍学生达到自己想要的生活目标时，这些行为就可能会变成心理咨询的议题。因为这些阻碍和行为应该被看作治疗方案中的干预的一部分。这些行为可能会使学生失去自己在优秀学生或运动队中的位置，或者导致学生被留校察看或停学。当学生的特定行为存在问题时，发展替代行为有助于减少或消除其问题行为（Baer et al., 1968, 1987; O'Neill, Horner, Alpin, Sprague, Storey, & Newton, 1997）。然而，我们强烈建议在发展学生的替代行为的同时进行认知治疗。

　　替代行为在和处理行为问题产生原因的认知治疗结合起来时效果最佳，并且在学生意识到问题行为确实对自己造成了问题之前就进行认知治疗是必要的。替代问题行为的第一步是与学生合作，通过引导式发现找出该行为的目的。学生想用这种行为达到什么目标？这种行为满足了学生的哪些需求？一旦确定了这一行为的真正目标，学生和临床工作者就可以找到一种不同的行为，这一替代行为可以以一种更合适的方式满足这个造成问题行为的目标（Crone & Horner，2003）：

- **无关**（问题行为不再有目标或不再奏效）；
- **低效**（问题行为不如更合适的替代行为有效）；
- **无效**（问题行为不再达到预期目标）。

米歇尔曾经谈到当她感到自己被压力、不安和其他消极情绪淹没时，会通过割伤自己来释放这些情绪。如果我们帮助她用写日志代替割伤自己的行为，那么自伤行为就与她的情绪变得无关了。由此，自伤行为不再能起到释放消极情绪的作用，因为一旦她意识到了这些情绪，她就可以通过写日志来调节这些情绪。安加奈将她与男友的过分亲昵行为描述为"一直以来她唯一为了自己而做的事"，而这间接地导致她意外怀孕。如果她用其他更有益的休闲活动（如泡泡浴、在户外散步、读有趣的书）来代替与异性的随意交往，她可能会发现前者同样可以帮助她感到快乐和满足。对大卫来说，因为自己有学习障碍而感觉自己"不一样"的想法让他远离了朋友。然而，这种方式并没有帮助大卫减轻这种"不一样"的感觉，反而让他觉得自己与他人的联系更少了。如果大卫能和他的咨询师合作，在他对自己感到沮丧时，找到一种方式去接触那些珍视他并关心他的人，那这就会表明，疏离只是一种处理他的情绪的无效方法。

表 4-1 举例说明了学生的需求可以如何通过恰当或不恰当的行为得到满足。一旦学生和临床工作者找到学生的需求和不恰当的行为，他们就可以一起头脑风暴出其他能通过更恰当的方式来满足学生的需求的行为。这一策略的最后一步是增加替代行为以满足需求，从而让不恰当的行为变得不再必要直到最终被替换为止。

表 4-1　需求、问题行为和替代行为

需求	问题行为	替代行为
寻求关注	在课堂上大声喊出"聪明"的答案	举手回答老师的问题并得到表扬
想要掌控一切	对社交影响力更小的学生颐指气使	担任小组项目的领导者
保持活跃而不是坐在书桌前	在教室或走廊里闲逛	负责将点名册送去办公室（在规定时间内）

例如，阿尔弗雷德的打架行为对他在摔跤队中的表现以

及他的成绩产生了负面影响，这使他获得奖学金的机会变得渺茫。阿尔弗雷德在最初的几次治疗中否认他的打架行为是个问题。相反，他认为这是阻止别人"利用"他的唯一办法。在咨询师和他花了很多时间处理这个潜在信念（"如果我不先出击，我最终就会成为弱小的受害者"）之后，阿尔弗雷德开始考虑这样一种可能性，即攻击性强并不总是解决问题的最佳方法。尽管有时候在校外街道上使用暴力看似暂时解决了问题，但在学校里攻击性强的长期负面影响远远大于收益。他可能会吓跑烦扰他的人，但他意识到，这个人往往会带着更多人再次找他麻烦。他还担心他为弟弟树立的榜样形象，以及打架对他的摔跤、成绩和未来奖学金的影响。一旦阿尔弗雷德意识到他在学校的打架行为对他来说是个问题，并且他想改变这种行为，你和他就可以开始一起计划实施替代行为。阿尔弗雷德通过打架让自己感觉自己很强大。你们可以一起找出其他可以让阿尔弗雷德感到强大且不必付出高昂的打架成本的方式。他头脑中想出了一系列可能的方案：

- 吼叫和威胁；
- 走开；

- 用刻薄的话语贬低对方；
- 开个玩笑来挽回颜面；
- 向学校教职工报告这名学生的行为。

向学校教职工报告这名学生的行为立刻被排除在方案列表之外，因为阿尔弗雷德知道，"告密"只会让同龄人瞧不起他、更针对他。吼叫、威胁以及贬低对方也被排除了，因为阿尔弗雷德认为这些行为可能会导致打架。阿尔弗雷德决定把最后剩下的两个选项结合起来，即一边走开一边开个玩笑来挽回面子，这似乎是他的最佳选择。你和阿尔弗雷德练习了几次角色扮演之后，你发现阿尔弗雷德有幽默感并且反应很快，因此他完全可以缓和难堪的局面。他用来消除敌意的笑话让他感觉自己并不软弱，也避免了打架，甚至可以给他带来一些积极的关注。你强调说他需要一边开玩笑一边走开，因为如果在当时的情境下站在原地开玩笑只会让问题变得更糟。阿尔弗雷德同意在下周内留意观察一个合适的情境，并尝试将练习这个新的技巧当作家庭作业，他可以在下次会谈中汇报情况如何。在计划下一次会谈时，你记得要关注替代行为发展得怎么样，以及阿尔弗雷德的经历对他要先出击的想法和信念有何影响。

对一些学生来说，开玩笑可能会起反作用，也就是使问题或打斗升级。此外，讽刺性的陈述，抨击其他人或其他破坏性行为的"玩笑"可能会引发更大的问题，而不会缓和紧张的局势。就像许多第一次尝试在咨询中使用幽默的咨询师会发现的那样，用温和的幽默来缓和问题是一项较难以习得的技能。当学生计划使用幽默来解决问题时，要小心，确保他们使用的幽默真的能缓和气氛，而不是让情况变得更糟糕。角色扮演是一个很好的检验方式，与此同时，咨询师可以与学生一起回顾以前该学生成功（或不成功）地使用幽默的场合。

暴　露

高度焦虑的学生可以从暴露任务中获得很大的益处（Albano & Kendall，2002；Kendall et al.，2005）。暴露是一种旨在扭转焦虑状态下的某些过程的行为干预。在焦虑的情境下，学生首先会产生关于他们无法应对自己认为有威胁

性情境的自动思维。有慢性焦虑的学生或那些因焦虑而妨碍
自身发展的学生往往会错误地感知到并不符合实际情况的危
险，或大大低估了自己处理危机的能力。回避过于危险而难
以处理的情境是人类的正常反应，所以学生会试图使用回避
这一补偿策略。而回避会使学生无法检验或纠正他们对当下
情境的消极、无助的自动思维，从而让焦虑的自动思维变得
更加根深蒂固，焦虑也在这样持续的循环中不断增强（见
图 4-2）。

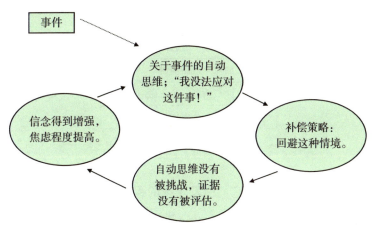

图 4-2　回避—焦虑循环

　　在暴露任务中，你和学生首先要确定其在焦虑情境下产
生的自动思维。然后，学生需要确定一个关于该情境的能使

其紧张程度逐级递增的恐惧等级（Kendall et al., 2005）。这一等级应该从一种只会让学生稍微感到紧张的情境开始，接着是更难一点的情境，一直到非常可怕的情境。恐惧等级上的每一步都应该和同一大类恐惧相关，从这类恐惧的"小剂量"到"大剂量"。安加奈和她的咨询师一直在处理她对在课堂上做演讲的恐惧。图 4-3 展示了他们一起构建的恐惧等级的范例，本书的附录 4-4 是可以用于构建恐惧等级的空白表。

图 4-3　安加奈害怕在公共场合发言的恐惧等级示例

　　除了对情境按照它们引发焦虑的程度进行排序之外，咨询师还会教安加奈关于 SUDS（主观痛苦感觉单位量表）评分的内容（Wolpe, 1969）。在这一量表中，0—100 分的评分用来表示一个情境能引发安加奈多大程度的焦虑。你可能会发现，向学生介绍这一个描述主观痛苦感觉的评分量表是很有帮助的；一些学生之后可能在实际量表不在面前的情况下也能使用这个评分量表。本书附录4-5中包含了评分量表的范例，可供想要使用实际书面评分量表的学生使用。

接下来，安加奈准备面对第一个引发（最低程度的）焦虑的情境。第一次暴露应该尽可能在会谈过程中与咨询师一起完成，但逐渐地，暴露可以作为很不错的家庭作业，这样安加奈就可以在真实情境下练习她的应对技能。她应该从找到自己对第一个情境的自动思维开始进行准备。正如第三章所描述的认知技能那样，这些想法会被捕捉、检验并被改变，这样安加奈会发展出应对这些毫无益处或不准确想法的想法。安加奈可以写一张应付卡，或者她也可以练习反复描述这些应付想法。接下来，安加奈和她的咨询师将练习使用任何其他可以帮助她面对该情境的认知或行为策略。角色扮演练习如何应对在别人面前进行演讲、放松，以及问题解决都是非常有用的。就像在行为实验中一样，记住要尽可能使安加奈取得成功的可能性最大化，同时要为面对可能会出现的问题作准备。

成功的一个关键因素是，她必须坚持待在这个情境中直到她达成目标为止，而不是因为恐惧而回避这一情境。例如，如果目标是为全班同学朗读一段话，那么安加奈仅仅站在教室前方一会儿并只说三个字是不够的。只说三个字然后离开教室来回避这种情境，只会强化她认为自己无法应对这种情境的信念。所以，计划一个小的但可实现的并且能让学生向前迈进的暴露任务比计划一个可能使学生感到不知所措的大步迈进的暴露任务更好。如果安加奈在一群人面前感到紧张，咨询师可能会忍不住想要停止暴露，但是在这个时候停下来只会强化她认为自己无法应付在他人面前演讲的信念。在暴露之前练习并巩固应对技巧，以尽可能地增加学生成功应对困境的概率也是非常重要的。

面对恐惧，而非回避，能为学生提供成功地应对困境的机会，这既可以增强她的掌控感和成就感，也可以提供证据反驳她关于自己无法应对"危险"情境的自动想法。学生取得成功时应当得到强化和赞扬。在完成暴露任务后，你需要与学生讨论他喜欢自己应对方式的哪些部分，下次可以怎样改进，以及他从中学到的其他事情。学生也可以在暴露中寻找证据来检验其所做出的消极预测是否真的准确。基于你和学生从这次成功的应对经验中学到的东西，你们可以继续设计下一等级的暴露任务，最终逐步完成恐惧等级最高的暴露任务（见图4-4）。

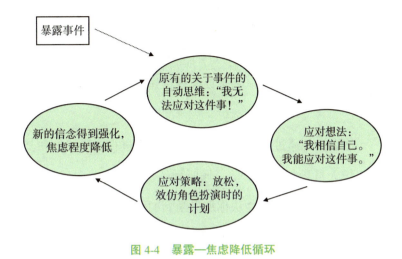

图 4-4　暴露—焦虑降低循环

　　为了让暴露任务的概念更具象化，让我们继续跟随安加奈逐步完成她在图 4-3 中列出的恐惧等级。她已经顺利完成了等级中最简单的一步——面对一个人做演讲。从这次暴露练习中，她了解到自己能记住自己想要讲的内容（尽管她以为自己会忘记），旁听者并没有取笑她，而且她还可以在最后回答几个简单的问题。她还了解到在演讲过程中，她的手出了很多汗（这是她之前没有预料到的）。你和她设计了第一次进行暴露的如下这些应对想法。

- "我很聪明，我对演讲的主题了解得很充分。"
- "即使我犯了错，也没关系，因为每个人都会犯错。"

她决定为下一次暴露加上一个应对想法：

● "我以前做过一次演讲，结果比我预想中的还好，所以我这次很可能也可以做得很好。"

然后，她通过角色扮演练习向更多人进行演讲，你和其他工作人员参与角色扮演，倾听她练习演讲，并向她提问。安加奈还进行了一些她从你那里学到的深呼吸练习（我们将在后文中进行介绍），以便保持放松。她决定在每个口袋里放一张纸巾，让她可以在手出汗时擦手。最后，你和她约定如果她能成功应对的话，你们就吃冰激凌来庆祝。接下来，安加奈面对三位听众进行了演讲，她用自己的应对技巧成功地完成了这次暴露。在完成暴露任务之后，你和安加奈一起花时间回顾了你们各自从这些经历中学到的支持或反驳她的

恐惧想法的证据。在回顾这些经历时的一个关键问题是，"你的成功对你来说意味着什么？"在通过观察安加奈成功的应对经

> 记住将行为改变和认知改变联系在一起。"你的成功对你来说意味着什么？"

历来挑战她原有的恐惧想法和信念时，你会将关注点放在咨

询计划中想要处理的想法上。在回顾了安加奈喜欢自己应对方式的哪些部分，她在下次可以如何改进，以及她从这些经历中学到了什么之后，你和她分享了从冷饮店买来的冰激凌，以庆祝（强化）她这么努力地改变了自己的想法和行为。然后，在下一次会谈中，你们开始计划下一次暴露任务。

放松技术

放松技术是缓解焦虑和紧张的有力工具（Benson，1975；Jacobson，1974）。记住，想法、感受和行为都是彼此相关的。因此，焦虑的想法、感觉和行为往往会结伴出现。我们的身体不可能同时既紧张又放松，所以帮助身体放松是一种通过行为改变焦虑感受和想法的方式。

放松技术主要包括以下 4 种：

- 渐进式放松；
- 呼吸练习；
- 冥想；

- 意象。

我们将介绍如何在会谈中介绍这些技术的例子。在把放松技术的概念介绍给学生之后，你会描述你将要和学生一起尝试使用的放松技术的细节。请记住，首先在会谈中教授一种技术，再让学生和你一起练习使用这种新技术。当在会谈中学会了使用放松技术之后，学生应该抽出时间练习使用这些技术。总的来说，学生要先在没有压力的情境下进行练习，以巩固这些技术。然后，慢慢地，学生会开始在有压力的情境下使用这些技术来放松。如果学生直接开始在压力很大的情境下试图放松，那么他不太可能在开始的阶段取得成功，这可能导致其在真正掌握这些技术前就选择放弃。

- 咨询师：大卫，我们一直在讨论这件事，就是有时候你会感到紧张或焦虑，然后你就会用一种并没有什么效果的方式来应对压力，对吧？

- 大卫：是的。当我崩溃并反应过度时是这样的。问题是，我没办法控制自己！当人们批评或欺负我的时候，我就会失控。

- 咨询师：你之前提到过，你感觉好像自己无法控制那些反应，但是我有些技术可能会有帮助，我们可以一起练习使用这些技术。你愿意尝试一下吗？

- 大卫：当然。不过我不知道这是否会有效。

- 咨询师：你说得有道理。我觉得很棒的一点是，即使你不确定它是否会有帮助，你也愿意试试看！我想和你一起讨论的是放松。你平时会做什么事来让自己放松吗？

- 大卫：我有时会通过听音乐来让自己放松一下。

- 咨询师：这是个好方法！不过，在某些情况下，你无法通过听音乐让自己放松。

- 大卫：比如说，我需要放松一下，但是我在课堂上或是其他情境中？

- 咨询师：没错。所以我想告诉你一些其他可以让你放松的技巧，然后我想请你试着使用这些技巧并告诉我你觉得怎么样。

- 大卫：可以……但是我真的不确定它们是否能改变我在那些情境下做出的强烈反应。

- 咨询师：我很高兴你能告诉我这些！我们身体的运作规则是它们不能同时又紧张又放松。例如，肌肉要么紧张要么放松，但它不能同时处在这两种状态下。我们可以利用放松技术，让身体保持放松和松弛。所以，请你回忆一下认知模型告诉我们的，想法、感受和行为彼此相关，那么你认为如果我们让自己的身体放松些会发生什么呢？

- 大卫：我的情绪也会放松吗？

- 咨询师：没错！当你感觉身体和情绪都比较放松时，你觉得如果你又进入那种情境下会发生什么呢？就是那种会让你感到压力非常大，并且你会用那些并没有什么效果的方式应对的情境下。

- 大卫：我猜我的反应会变得没有那么强烈。

- 咨询师：你说得对。那么，这听起来值得尝试一下吗？

- 大卫：当然。

- 咨询师：很好。我们可以一起讨论四种不同的放松技术，然后你可以尝试使用它们，看看哪些方法最适合你。让我们了解一下渐进式放松、呼吸练习、冥想和意象。

接下来，咨询师可以介绍以下的每一种技术，并让大卫在会谈中尝试使用这些技术。他们将继续练习使用这些技术，直到大卫熟练地掌握它们为止，最终他将能在家里运用这些技术。你可能会决定录制自己阅读附录中的一段脚本，这样学生可以在家里通过听录音进行练习，或者大卫也可能更愿意在没有声音的情况下进行练习。互联网上有很多不同的放松练习的音频片段，你和大卫也可以在网上找到他喜欢用来练习的片段。以下是在学校里最常用的四种放松技术。

渐进式放松是一种通过系统性地收缩和放松肌肉群来放松身体的方法（Jacobson，1974）。就像任何认知或行为策略一样，学习渐进式放松需要做很多练习。学生需要在他们不紧张的时候进行练习，例如，每天晚上睡前一个小时。这给了学生一个在不需要对抗焦虑和紧张的情况下学习放松的机会。在掌握了这种技术后，学生就可以在有压力的时候使用渐进式放松来放松身体，进而减轻认知和情绪压力。附录4-6中有一个放松脚本的范例。你可能会发现，学生对你阅读脚本的录音的反应特别好，这是因为他们把你的声音和放松及安全感联系在一起。一个节省时间的方法是选择一个脚本，一边阅读一边录下来，然后制作一些这段录音的副本，供学生们使用。下面是咨询师向安加奈介绍如何将渐进式放松作为帮助她在忧心忡忡的晚上入睡的技术的对话。

- 咨询师：一种对你特别有用的放松技术是渐进式放松，这是一种一次放松一组肌肉直到你的身体感到真正放松为止的技巧。人们通常使用渐进式放松来缓解压力（比如上台演讲带来的压力），或者晚上用这个方法来帮助自己入眠。

- 安加奈：听起来很棒！如果我需要在课堂上发言，我会很担心，而且我在前一天晚上总是要花很长时间才能睡着。

- 咨询师：那么，这听起来像是一个适合我们一起练习的技巧。接下来我会给你读一个脚本，它会引导你完成不同的、可以让你放松的事情。让我们一起来试试看，看看它对你有什么作用。也许你也可以把它带回家，并尝试着做一些练习。你觉得呢？

- 安加奈：这似乎值得一试。

- 咨询师：太好了！好的，现在舒舒服服地坐在你的椅子上，然后我开始读给你听。准备好了吗？

呼吸练习有助于学生慢下来，控制呼吸，并获得足够的氧气来帮助身体放松（Benson，1975）。当一名学生感到焦虑或紧张时，他的呼吸可能会变得又浅又快，这会向神经系统发出附近有危险的信号，引发一种"战或逃"的反应。放慢呼吸节奏有助于个体重新审视这些传递给神经系统的信息，缓解"战或逃"反应。一名学生学会慢慢地用鼻子吸气，并用嘴巴吐气。深呼吸会使学生的腹部膨胀，因为隔膜会帮助其把空气吸入肺部。如果深呼吸时只有胸部的上半部分扩张，那么学生就无法完全使空气充满他的肺并且充分受益于深呼吸。如果学生在压力很大的情境下能专注于自己的呼吸，并确保自己能慢慢地深呼吸，他就可以用这种方法来有效地减轻焦虑和紧张。与渐进式放松一样，互联网上有许多关于呼吸练习的脚本和音频资料可供选择。本书的附录4-7 也有呼吸练习的脚本。接下来，咨询师将为大卫介绍呼吸练习（一种在有压力的情境下使自己放松的方法）。

- 咨询师：大卫，我想和你一起试试运用呼吸练习。这是我和你提到过的放松方式之一，能帮助你放松，并且是不易察觉的，你可以在教室、餐厅、商场或任何其他你需要放松的地方尝试运用这种放法。你准备好了吗？

- 大卫：我准备好了。

- 咨询师：很好。还记得我们讨论过如何帮助你的身体放松，从而进一步让你的想法和感受更放松吗？

- 大卫：是的，我记得。

- 咨询师：很好。我要给你阅读一个脚本，它可以帮助你做一些呼吸练习。

- 大卫：但我每天都在呼吸。我甚至在睡觉时都在呼吸！为什么需要你告诉我如何呼吸？

- 咨询师：这其实是一种不同于平时呼吸的呼吸方式。使用这种呼吸方式，你会更加注意自己的呼吸，从而呼吸得充分且缓慢，并且伴随着深呼吸。你可以在不过度换气的情况下让更多的氧气进入你的身体，进而让你的身体慢下来。我们可以试一试吗？

- 大卫：好的。

- 咨询师：很好。那么，请以能让你感觉舒服的姿势坐下，我来读给你听。你可以跟着它的节奏，看看这对你是否有用。接下来，也许我们可以想个办法让你在家里也可以练习。现在让我们来试一试，看看效果如何。

冥想是一种清理思绪的方式，能使一个人的思绪和心率都有所缓解（Hayes，Follette，& Linehan，2004）。冥想对思维奔逸的学生很有帮助，无论其问题的核心是焦虑、抑郁、压力还是其他方面。安加奈的咨询师向她介绍了冥想（在夜晚专注和放松的另一种方式），因为她现在经常躺在床上两个小时都无法入睡，担心自己的成绩、家庭以及所在社区的安全问题。她和咨询师在会谈中花了一些时间讨论了在家里尝试进行冥想的最佳方式，思考能让她安静地冥想的时间和地点。他们还在会谈中练习了冥想，专注在咨询师挂在墙上的一幅平和的图片上。一开始安加奈根本就无法在家里找到一个安静的、可以用于冥想的地方，不过后来她发现在妈妈出门工作时，可以把自己关在妈妈的卧室里。为了使光线柔和些，安加奈在房间里点了一根蜡烛，并且舒服地坐在椅子上，靠近一幅画着广阔田野的图画旁。她把注意力放在图画中的风景上，清理自己的头脑中的各种其他想法和忧虑的思绪。如果她意识到自己的思绪又回到了忧虑上，她就会想起咨询师告诉她不要对自己生气。相反，她只需要把注意力拉回到图画上。她的思绪逐渐减少，随之她的身体也放松下来，她开始感受到更多的宁静。在某些夜晚，她把注意力放在蜡烛的火苗上，而不是图画上，但是图画是她最喜欢的关注点。不管她把注意力放在哪里，冥想的关键在于关注在一个点上，让其他干扰离开你的脑海。如果安加奈注意到自己的思绪又变复杂了，她会意识到这一点，并将注意力重新拉回到她的关注点上，而不会去评判自己，也不会因为自己的思绪飘忽不定而感到沮丧。有时候，她不得不一次又一次地把自己的注意力拉回来，提醒自己这只是冥想过程的一部分。一旦她感到放松和平静（通常大约需要 10 分钟），她就会从椅子上站起来，吹灭蜡烛，然后躺在床上。自从晚上开始冥想以来，安加奈比之前入睡得快多了。

意象是一种和冥想有些相似的放松技术（Hayes et al.，2004）。要使用意象，学生需要像安加奈一样，先找到一个私密的、安静的地方，让自己感到舒适。但是，学生不会专注于像图画或蜡烛这样的东西，而是会选择一种放松的场景，并想象与这个场景搭配的景色、声音、气味、感觉和味道。把所有的感官都当作意象的一部分，学生的想象会占据主导地位，从而让学生感觉自己就处在那个轻松的场景中。通常，最有效的想象场景是学生去过的地方，因为这些地方的景色、声音、气味、感觉和味道最容易被想象出来。学生也可以选择任何能够帮助他们放松的场景，只要能想象到所有需要的细节来帮助他们真正地沉浸在这一场景中。和其他放松技术一样，有许多网站都有提供音频，它们可以帮助学生想象出一个让他们感到放松的地方。接下来，咨询师向阿尔弗雷德提议将意象当作他在摔跤比赛后感到沮丧时能使用的一种放松和专注的方式。

- 咨询师：在我看来，摔跤后你仍然感到激动和焦躁，这是很正常的，尤其是如果比赛没有完全按照你的预期进行。我们来看看有没有办法在比赛结束后帮你放松下来，好吗？

- 阿尔弗雷德：好的。那会很有帮助的，否则我可能会在回到家后因为一点小事对我弟弟发脾气。

- 咨询师：好吧，那我们来试试这个方法。放松身心的一个好方法就是在你脑海中想象让自己享受一段小假期。举个例子，你可以说出一个让你感到非常放松的地方吗？你可以想象自己此刻就身处那里。它应该是一个非常安静和安全的地方，可以是你曾经去过或者你想去的地方。最重要的是，它应该是在一个你能想象到细节的地方。你能想到一个这样的地方吗？

- 阿尔弗雷德：可以。去年夏天，我和表亲去了海滩。大部分时间都并不是很放松的，或者至少不是你说的那种放松。我们玩得太开心了！但有一天早晨，我比其他人醒得更早，正好是太阳升起的时候。我睡不着了，所以我起了床，从旅馆走到海滩。我坐在海滩上，看着太阳从水面上升起，这真的很棒。

- 咨询师：这是个好例子！我想请你闭上眼睛，试着记住整个场景，就像你在脑海里看电影一样。如果你想看一部关于那个海滩的平和场景的电影，你会从哪里开始？

- 阿尔弗雷德：我想我会从到海滩之后开始。

- 咨询师：好，那么请你闭上眼睛，想象你自己站在海滩的边缘。我希望你能调动你所有的五种感官来思考我即将提出的问题的答案，但是你不需要出声回答。你看到了什么？你可以四处看看，海水、天空和沙子……（停顿）你听到了什么？（停顿）你能感受到吹在皮肤上的微风和脚下的沙子吗？（停顿）你闻到了什么味道？是海水的味道，还是其他的味道？（停顿）试着回忆起你站在沙滩上看到的景象，看着太阳缓缓从水面上升起。(停顿)回忆天空的颜色,海风和沙子的感觉,海洋的味道。(停顿)继续想象日出的每一个时刻,记住用你所有的感觉。(停顿)当你看到日出的整个电影时,我希望你慢慢地深呼吸,然后在你准备好之后,睁开眼睛……

- 阿尔弗雷德:好的。

- 咨询师:你现在感觉如何?

- 阿尔弗雷德:这真的很酷。我之前不确定这会不会有效果,但我现在确实感觉不一样了。我觉得更放松,也更平静了。

- 咨询师:我觉得这真的很棒。我们想一想在其他情境下可以进行这种意象的方法怎么样?比如在从摔跤练习到回家的公交车上?

- 阿尔弗雷德:我觉得可以。

支持的证据

在第三章的最后，我们介绍了来访者的想法和症状（从抑郁到物质滥用再到创伤后应激障碍）之间关系的研究证据。行为技术被用来帮助改变来访者的想法，就像我们在前文中介绍的认知技术一样。

行为实验就像认知策略一样，它们是积极的、检测信念和假设的行为方式。行为激活已被证明能显著缓解抑郁症状（Syzdek，Addis，& Martell，2010）。事实上，在时间有限的治疗中持续关注行为改变被证实是对抑郁症的一种有效的干预（Coffman，Martell，Dimidjian，Gallop，& Hollon，2007）。替代行为最初被应用于应用行为分析（applied behavior analysis，ABA）（Baer，Wolf & Risley，1968，1987）。ABA聚焦于行为，能识别不良行为和通过这些行为满足的需求，然后强化更可取的行为。在认知疗法中使用的替换行为不仅关注改变行为，而且关注解释或维持这一行为的认知。

暴露是一种在多种焦虑障碍中广泛使用并得到充分支持的干预技术（Albano & Kendall，2002；Ollendick & King，1998）。

本章小结

行为技术为干预想法、感觉和行为及三者之间的关系提供了第二种视角。这些技术（行为实验、行为激活、安全计划、希望工具箱、替换行为、暴露和放松技术）可以成为你和学生的认知工作中非常重要的一部分。没有一种通用的规划行为干预的方法，因为每一次干预都应当根据学生的个人优势和需求来量身定制。一旦制订了个人计划，你和学生就有机会学习很多东西，无论计划的具体结果如何。

请记住，行为策略是认知疗法的重要部分，而不只是它的补充。治疗计划往往以给学生带来问题的行为模式为着力点，这些策略可以帮助学生改变这些行为，让学生回顾自己使用行为干预的经历，并考虑这些经历与他们的思维模式和信念之间的关系，而这一点是使用行为技术的一个重要组成部分。每一种行为策略都应当能够引导学生了解作为治疗着力点的想法和信念，帮助学生认识到自己是有能力的和有价值的。

读者练习活动：行为干预

行为干预对一些刚开始进行认知疗法训练的临床工作者来说可能很熟悉，但许多临床工作者会发现，即使他们已经使用了一些行为技术，但在认知疗法框架下使用行为技术也会稍有不同。请选择本章中所介绍的任意一种行为干预方法，然后根据具体情况设计干预步骤，用于针对你与之工作过的某位学生所面临的问题。

这个干预针对的是学生的什么想法、信念或问题行为？

_____

_____

_____

_____

你会为这名学生选择哪种干预，为什么？

_____

_____

_____

_____

你会如何设计这个干预？切记，在真实的情况下，你会和学生合作设计干预方式，学生会非常积极地参与并提出建议。然而，在这个练习中，想象一下学生在计划时可能会提出什么样的建议。学生会想做什么、不想做什么？在计划阶段，你会如何处理？一定要记得为了保证干预顺利进行做好计划，但同时要为万一干预没有按计划进行做好准备。

想象一下如果行为干预按计划进行，你会如何与学生一起探索干预的结果，以便将这一结果整合进你们的认知工作中？结果会支持学生的想法和信念，还是挑战它们？

现在想象一下，如果行为干预并没有按计划进行，你会如何与学生一起探索干预的结果，以便将这一结果整合进你们的认知工作中？结果会支持学生的想法和信念，还是挑战它们？

_____

_____

_____

_____

_____

_____

基于以上每种结果，为了帮助学生改变目标想法、信念和行为，你下一步的计划是什么？

_____

_____

_____

_____

_____

_____

05

第五章

认知疗法走进学校

学校背景下其他特有的挑战与回报

认知疗法已经成功地应用于学校。然而，心理健康工作者在使用认知疗法与学生进行工作时仍面临一些特有的挑战与回报。通常在学校，学生对心理服务的需求量很大，但专业的心理健康工作者却非常有限。心理健康工作者必须想办法将心理健康服务融入繁忙的日常教学工作中，这就导致了咨询会谈时间比典型的"每周1次，每次50分钟"的会谈时间要短得多。在学校除了持续进行短期的心理会谈外，许多心理咨询师每周还要处理大量的危机面谈。心理咨询师对学生的家人及其家庭情况知之甚少。最后，学校心理健康中心的资源（包括空间）往往相当有限。鉴于这些挑战，学校的心理咨询师可能会感到难以为学生提供有效的认知疗法。

认知疗法特别适应学校场景的挑战与回报。

然而，相比于其他场景，在学校进行心理健康工作也有一些独特的优势。

在学校，心理咨询师可以获得有关青少年学业和社会功能的信息，而这些信息在其他场景下可能是无法获得的。学校的心理咨询师可以观察到学生与同伴和教师的互动，还可以获得学生的学业成绩、家庭作业、课堂表现等方面的有价值的信息，以及其他一些重要的学业问题。此外，学校的心理咨询师还能经常接触到正常到校的学生。因此，学校的心理咨询师每周可能会见学生 2 到 3 次，每次 30 分钟。学校还提供了一个工作团队，在这个团队中，心理咨询师与其他专业人员一起工作，致力于帮助同一群青少年。能够与学校中的其他工作人员一起工作的心理咨询师掌握着各种技能并拥有专业背景，这是学校场景中的一个主要优势。在理想情况下，你可以利用心理咨询师的角色，通过开展内部培训或利用其他合适的机会，为学校的工作人员普及思维模式及其他认知疗法概念的知识。当然，对这种培训的支持程度在不同的学校会有所不同。从校长到校园餐厅的工作人员，再到教师，你可以教学校的每一位工作人员用认知疗法的方式思考，从而帮助学生发生改变。此外，心理咨询师能够在学校为学生提供一个"安全岛"，这对学生和心理咨询师来说都是有益的。

另外，有经验的心理咨询师听到学生有时会利用咨询室这个"安全岛"逃避学校的其他活动时并不会感到惊讶。学生来心理咨询室可能是为了逃避他们不喜欢的课程、课堂发言或突击测验。通常情况下，这种行为不是"非此即彼"的，即学生可能真的需要接受心理咨询，但却策略性地选择在上课期间，或是他们想回避的时间去心理咨询室（这种行为对一些学生而言甚至可能是一种补偿策略）。心理咨询师可以利用这种动机，通过要求部分学生付出一些努力，使动机对学生和咨询师有利。例如，可以强制要求前来做心理咨询的学生使用咨询前速测表，用以了解学生的需求、能力和情况。学生们意识到自己需要参与到真正的咨询会谈中将有可能减少为了逃避问题而来做心理咨询的学生数量。

认知疗法在这些挑战与回报中可以特别好地发挥作用。

例如，你可以对学校和社交场景中的学生进行观察，以帮助学生检验信念。学校也为心理咨询师提供了与学校的其他工作人员一起工作的机会，这样学生就能在咨询会谈之外也获得支持。认知疗法聚焦于当下，以目标为导向，关注特定的、有问题的思维与行为模式，将有助于学生和心理咨询师提高会谈时效，并共同聚焦于会谈过程。此外，认知疗法有清晰的会谈结构，相比于非结构化的咨询会谈，认知疗法可以帮助咨询师和学生在较短的时间内完成更多的工作。

目标设定

认知疗法通常会关注咨询中此时此刻的情况或问题，这使认知疗法尤其适合在学校场景中进行。治疗以目标为导向，心理

> 合作设置清晰的咨询目标，有助于推进咨询的进行，也有助于帮助咨询师了解咨询何时结束。

咨询师和学生共同确定咨询目标，为实现这些目标而努力，并确定实现目标的时间。心理咨询师和学生在治疗早期就会

设定咨询目标，并可以将这些目标当作衡量咨询进展程度的标准。咨询目标还有助于确定单次会谈的讨论议题（我们接下来会讨论这个问题），咨询目标还应该直接与每位学生的个案概念化相关联。会谈主要关注学生的有问题的思维和行为，以及阻碍咨询目标实现的信念，这些关注点将随着时间的推移，出现在大多数咨询会谈中。例如，阿尔弗雷德的一个咨询重点可能是他的潜在信念，即每当有人挑战他时，他不得不采取咄咄逼人的行为，这样他才不会显得软弱无能。阿尔弗雷德在会谈中展示了某一情境，该情境激活了阿尔弗雷德的信念，进而导致他陷入争吵之中，同时心理咨询师将会做以下这些事情。

1. 说明这种信念以及由此产生的补偿策略（在争吵中打出第一拳）是如何导致阿尔弗雷德不断出现问题的。

2. 帮助阿尔弗雷德解决他目前的问题（被关禁闭将进一步阻碍他加入摔跤队）。

3. 教会阿尔弗雷德一些技巧，以防止某种思维和行为阻碍他实现咨询目标。

下面是咨询师与安加奈制定咨询目标的示例。请注意心理咨询师是如何协助安加奈制定咨询目标，并鼓励安加奈在

决策中起积极的主导作用的。在制定咨询目标时，尽管心理
咨询师有可能会听从学校其他工作人员或者是学生家长的建
议，但至关重要的是学生必须认同所制定的任何咨询目标。
如果咨询目标不是安加奈所重视的，那么她很有可能不会有
效地参与到咨询会谈中。然而，在学校进行心理咨询的实际
情况是，咨询师可能需要兼顾几个人或几个团体的要求或期
望。学校的心理咨询师可能需要同时满足以下群体、机构或
法律的需求或要求。

- 学生
- 教师
- 家长和其他家庭成员
- 校长
- 学校的特殊服务小组（包括个别化教育方案）
- 校区
- 美国当地、州和联邦法律

兼顾以上这些有时相互矛盾的需求并不是一件容易的
事，处理这些复杂问题的总体策略已远远超出了本书的范
围。然而，从认知疗法的角度来看，学生认可咨询目标是至

关重要的。如果学生不参与设定咨询目标的过程，也不付出努力实现咨询目标，那么就很难在实现目标方面取得有意义的进展。因此，在学生目前面临的问题的背景下，找到一种方式来明确咨询目标，将会鼓励学生充分地参与到咨询会谈中。

我们发现一个三阶段程序（见图 5-1）对设置咨询目标非常有帮助。我们鼓励心理咨询师从梳理问题清单开始，接着解释认知模式，然后建立目标清单。这些步骤可能需要两到三次会谈才能完成，但是与学生一起解释咨询结构的形成模式，并创建一个学生认可的、具体的目标列表是十分有意义的。

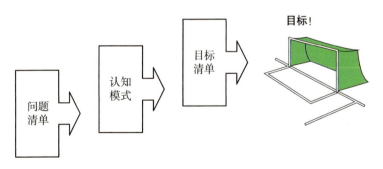

图 5-1　目标设置的三阶段程序

问题清单

在第一次会谈中，倾听并了解学生的所有问题是非常重要的。如果你在咨询开始时能倾听学生的所有问题并表达共情，你会在很大程度上让学生感受到被理解和被关心。这份清单上的问题可能比在咨询中需要进行工作的问题要多。但这个过程可以让学生有时间在一个充满支持和关怀的环境中分享所有的问题。

请回顾第一章的案例，仔细思考一位学生的案例。这位学生可能会带着什么问题清单前来咨询？在会谈中，你将如何倾听并向该学生表达共情？

_____

_____

_____

_____

_____

_____

_____

认知模型

在学生与你分享她所有的压力和问题的概况后，你将需要与学生讨论认知模型。你们可能到第二次会谈才会讨论到认知模型，但在咨询初期与学生分享认知模型是非常重要的，这将有助于促进学生理解其余部分的会谈框架。可以使用类似以下这样的表达方式，自然地从问题清单过渡到认知模型。

- 非常感谢你与我分享这一切。我真切地感受到，你对我们正在讨论的这些问题有很多担忧，而且听起来它们好像真的在拖累你，让你无法以你想要的方式生活。我真的想听到更多关于这些事情的细节，但在这之前，我想给你介绍一下认知模型。认知模型可以帮助我更理解你们，以及你们在生活中需要处理的问题。我想告诉你它是如何工作的，以便在我们一起工作时，你能理解我为什么要问某些问题，或者为什么建议你尝试做某些事情。我们可以就此讨论一会儿吗？

你将如何向已经建立了问题清单的学生介绍认知模型？你会说类似上面脚本中的话，还是会以其他方式向学生解释你为何要从谈论问题转换到谈论认知模型？

　　这也是回顾认知模型的好时机，包括你在第一章写的过山车故事及其他版本的过山车故事。在你对认知模型已经有了更多了解后，你写的故事还说得通吗？如果说不太通，请在下面写一个新的故事，重点在于解释思维（而非情境）是如何引发情绪的。请注意一定要将你从本书其他部分学到的关于认知模型的细节融入其中。

目标清单

一旦你了解了学生的问题清单，学生也理解了认知模型，你就可以开始创建目标清单了。理想情况下，你们应该在第三次咨询会谈中创建目标清单。尽管学生可能已经提出了一个很长的目标清单，但在咨询会谈中你们可能无法一次完成一个或两个以上的主要目标。因此，你需要帮助学生对目标的优先级进行排序，这些目标应该是在学校咨询中能真正得到解决的，与许多个人和机构的要求和期望不相冲突的，并能帮助学生感受到发生了有意义变化的目标。目标设定应该包括非常具体且可衡量进展的标准。咨询师和学生应该思考以下这些类型的问题。

- "我们如何知道你是否达到了你的目标？"
- "如果你实现了你的目标，会发生什么？"
- "你的生活会有什么不同？你会做什么不同的事情？"
- "如果有人在当下以及在你实现目标后观察你，他会观察到什么不同？"

接下来，安加奈和她的咨询师正在为咨询设定目标。这段对话发生在第三次咨询会谈中，在讨论了问题清单之后，咨询师对安加奈和她的问题表达了共情与温暖，并介绍了认知模型。

- 咨询师：你告诉了我很多关于你的生活中发生的事情，我真的很感谢你对我的信任。我知道要和一个你不太了解的人谈论这些事情会很困难。

- 安加奈：是的。

- 咨询师：嗯，听起来你有很多对你来说真的很难处理的问题。我想确定一下，我有没有很好地了解你想从与我的会谈中得到什么，这样我才能尽可能地给你提供帮助。我想把你希望在咨询室里完成的事情列成一个清单，这样我们就能很好地了解我们的工作目标。我们还会讨论如何才能知道我们是否实现了你的目标。你觉得可以吗？

- 安加奈：你不打算告诉我，我应该如何应对这一切吗？这不是你的工作吗？如果我知道该怎么做，我就不会在这里了！你没有听我说吗？

- 咨询师：我认为我的工作是协助你弄清楚你想要做什么。我并不知道正确的答案。我能做的是帮助你找出

适合你的答案。首先我需要知道你真正想要的及需要
的是什么。根据目前我了解到的情况，对于你的问题
我有一些想法，但我需要和你确认我的工作方向是否
正确。

- 安加奈：好的，到目前为止你有哪些想法？

- 咨询师：嗯，我了解你希望能读完高中和大学，承担
  一些家庭责任，以及每晚入睡时你都会感到担心。你
  还说，你担心自己的成绩，部分原因是你承担了很多
  的家庭责任。这些是你所真正关心的问题吗？

- 安加奈：没错，听你这么说，我发现我需要面对的问
  题真的很多！

- 咨询师：嗯，现在你的生活中有很多事情要处理。我
  希望我们可以很好地处理对你而言影响最大的问题。
  我们需要找出对你来说最重要的一两件事情，并聚焦
  于这些问题。是否有这么一两个问题，如果我们真的帮
  助你解决了，你会觉得我们做了一件有意义的事情？

- 安加奈：有的，我现在负担太重了，我想知道我如何
  才能有自己的生活，能上大学和有一份好工作？在解
  决其他问题之前，我想先解决这个问题。

- 咨询师：好的，这个好像是你目标清单中的问题。还有什么问题需要我们一起来处理，能使你感觉好一些？

- 安加奈：我的成绩。特别是我现在需要做的事情太多了，我不知道如何才能提高我的成绩，从而进入一所好的大学。

- 咨询师：好的。这是大目标。如果我们帮助你制订一个计划，并帮助你对自己的学业表现感到满意，那会不会让你觉得我们在实现重要的目标上取得了实质性的进展？

- 安加奈：会的。

- 咨询师：好的。现在让我们想一想，如何才能让我们知道你在完成这个目标的过程中做得更好了。你想从哪一个问题先开始？

- 安加奈：肯定是怀孕。

- 咨询师：好的。你怎么知道你在处理怀孕这件事上取得了进展？我能发现有什么不同吗？或者说你的行为会有什么不同吗？

- 安加奈：首先，我已经想好要怎么做了。我的意思是，如果我试图养育这个孩子，这确实会打乱我的计划，但我无法想象把孩子送给别人领养，并且我的信仰让我不能做出其他的选择。

● 咨询师：是的，我能感受到想清楚该怎么做是非常困难的，但我保证我会在这里一直帮助你。如果你已经想好怎么做了，这是否会增强你对这个问题的掌控感？

● 安加奈：不！即使我已经做出了决定，但我仍然不知道应该如何应对。我的意思是，我想上大学！作为一名单亲妈妈，我能做到吗？我还有什么其他的选择吗？

● 咨询师：听起来你的意思是你已经做好了决定，接下来需要制订一个达到目标的计划，是吗？

● 安加奈：是的。这听起来很不错。

● 咨询师：好的。我会把它记下来。然后对于你提到的另一个问题——你的成绩，我们如何知道你是否已经达到了你的目标？

● 安加奈：我希望获得全 A 的成绩。

● 咨询师：哇，这是一个非常高的目标！如果我先暂时记下，你希望得到让你感到满意的成绩。也许我们可以花一些时间来讨论什么样的成绩可以让你感觉良好，可以吗？

- 安加奈：好的，可以。
- 咨询师：谢谢。我真的很欣赏你的思维的灵活性。我想我这样调整措辞的原因会随着我们会谈的进行而变得越来越清晰。那么，如果我们朝着这个目标努力，你会不会觉得我们的咨询很有成效，并且在帮助你解决目前最重要的问题？
- 安加奈：是的。这听起来很不错。

心中有了这个目标清单后，安加奈和她的咨询师可以集中精力帮助她实现她的目标。随着时间的推移和安加奈生活状况的变化，目标清单也可能发生变化。安加奈也可能在一些会谈中谈论一些不在她最初目标中的问题，这也是很好的。制定目标清单的目的是为咨询工作提供方向，而不是限制咨询。请记住，在列出目标清单的同时，心理咨询师需要

注：以上案例中的对话仅代表作者个人的观点。

牢记安加奈的目标行为和思维，即那些阻碍安加奈实现目标
的模式。例如，安加奈在设定目标时有可能透露了一点她的
信念。你发现了吗？如果发现了，请在以下空白处将具体内
容记录下来。

————————————————————

————————————————————

————————————————————

————————————————————

————————————————————

————————————————————

　　如果你识别出安加奈关于得到全 A 是拥有"好成绩"的
唯一途径的想法，那么你就真的触及了安加奈的核心问题！
随着咨询的推进，咨询师可以将会谈内容侧重在安加奈的
思维陷阱上，例如"应该"和"完美灾难"，她认为任何一
门课的成绩低于 A 就是失败。在经历了许多压力事件之后
还能获得如此之高的平均绩点（3.7 分）的安加奈是令人钦
佩的！

会谈结构

我们在第一章简要介绍了认知疗法的独有特征之一：每次会谈需要按照一定的会谈结构进行。会谈结构为学生创造了一种希望，让学生感受到他们所面临的问题可以通过系统的方法来解决，而不再不知所措。此外，会谈结构有助于确保咨询具有组织性、方向性和高效性，这对学校场景中典型的短程咨询尤为重要。根据我们的经验，学生期待结构成为常规的一部分。在对学校的心理咨询师进行培训时，我们注意到一些心理咨询师对咨询中强调会谈结构会存在一些自动思维。你是否识别到了自己的自动思维？如果识别到了，请写在以下空白处。

_____

_____

_____

_____

_____

有些心理咨询师会有诸如"在会谈中如此有条理，可能会让学生产生距离感"或"这听起来太循规蹈矩了"等想法。如果你也有这样的想法，我们邀请你完成一个行为实验，在接下来的 6 个月中，在咨询会谈时尝试使用会谈结构。在 6 个月后，再来看看你当初写下的自动思维，检验你最初的想法是否准确。在检验你的想法时，我们希望你能重新阅读这段文字并问自己以下几个问题。

- 我是否正确地使用了这些技术？
- 结果是我期望的吗？
- 结果是否与我的预期有不同之处，如果有，那是什么呢？

出于许多原因，会谈结构是非常有用的。会谈结构能通过使你明确与聚焦问题，从而优化你与学生的会谈效果，是一种理解、处理和解决问题的方式，可以确保那些希望与你一同解决问题的学生参与咨询会谈（在通常情况下，那些只想逃代数课的学生不会投入精力遵循会谈结构）。在认知疗法单次会谈中，有 5 项结构化的任务：检查并回顾会谈前速测表、设置议程、讨论议程项目、反馈与总结、布置家庭作业（见图 5-2）。

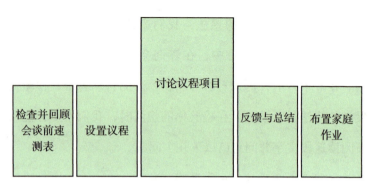

图 5-2　认知疗法单次会谈的 5 项任务

　　一些心理咨询师一开始会被结构化的任务吓到，并认为"我怎么可能在一次 30 分钟的会谈中完成所有这些任务呢？"根据我们的经验，这种会谈结构将有助于咨询师和学生充分利用 30 分钟的会谈时间。虽然每项会谈任务占用的时间是灵活的，但每项会谈任务占用的时间通常还是会按照如下比例进行划分。

- 会谈前速测表——由学生在会谈前完成
- 检查并回顾会谈前速测表
- 设置议程　　　　　　　　　　　　　　约 5 分钟
- 讨论议程项目　　　　　　　　　　　　约 20 分钟
- 反馈与总结
- 布置家庭作业　　　　　　　　　　　　约 5 分钟

会谈前速测表

我们在第二章首次介绍的"会谈前速测表"能帮助学生梳理他们对自己当前的情绪和情境的想法，以及使他们思考如何利用认知疗法的理论解决实际问题。我们培训过的学校心理咨询师告诉我们，可以在学生等待咨询会谈的地方放一叠快速检测表。学生可以在咨询会谈前，花点时间使用速测表梳理他们的想法，这将有利于会谈快速开始。

检查并回顾会谈前速测表

在会谈开始时，你可以通过快速地进行心境检查确定学生的感受。进行心境检查的一个简单方法是回顾学生在速测表上的评分。如果你选择不使用速测表，那么就要求学生用0—10分的标准评估自己的感受。无论你采用何种评估方式，评估将有助于你了解学生本次进入会谈时的情绪状态。随着时间的推移，评估还会反映出咨询的进展与效果。

接下来，咨询师需要回顾学生对上一次会谈的感受。学生们可能想谈谈上次会谈中困扰他们的事情，或是一个有帮助的想法，或是在两次会谈之间他们一直在思考的问题。这种反馈可以引导你和学生解决那些尚未解决的问题，或识别出那些特别有帮助的对话。如果出现了一个需要花一些时间讨论的话题，你需要把它加入会谈议程。我们将在后文中详细介绍这部分内容。

最后，你需要对学生在两次会谈间的家庭作业的完成情况进行检查。根据本次会谈讨论学习的内容，咨询师会在两次会谈之间给学生布置相应的家庭作业，以巩固在会谈中学到的内容。我们将在后面的章节中详细介绍这部分内容。学生需要在会谈前速测表上注明是否已经完成家庭作业。在会谈中咨询师只需快速检查，以确定是否需要将完成家庭作业的情况列入会谈议程中。

咨询师如果在检查过程中发现了任何需要进一步讨论的问题，应该把这个话题列入会谈议程中。这样一来，会谈就不会偏离轨道，咨询师也不会在检查上花太多的时间，而无法按计划开始此次会谈。

设置议程

议程是根据学生和咨询师各自想讨论的主题，合作商讨的会谈路线图。在现实中，学生和咨询师几乎总是无意地"隐藏"议程内容。阿尔弗雷德可能计划在会谈中谈论那次早上上学前的争吵。作为他的心理咨询师，你可能想在会谈中和他谈谈他想解决的焦点问题，即采取攻击性的行为以使自己看起来不软弱。如果你们没有设置议程，你们就一定会遗漏一两个话题，因为谈话从未切入主题。你可能花了整个会谈的时间试图与阿尔弗雷德讨论他的思维模式，却不知道阿尔弗雷德感到非常沮丧，因为你们在会谈中并没有关注他想做的事情。同时，你可能也会感到很沮丧，因为整个会谈都在讨论阿尔弗雷德上学前的争吵，这会让你觉得每次会谈都是在处理各种不同的日常问题，而关于阿尔弗雷德的咨询目标从未取得实质性的进展。几乎每位咨询师都遇到过类似这样的情况：在会谈结束前3分钟学生才提到一个非常重要的话题，这时你们已经没有时间再进行有意义的讨论了。虽然仅有一个会谈议程并不能完全避免这个问题，但设置议程确实为你和学生创造了一个使你们能够为重要的议题确定优先次序，并留有足够的会谈时间进行讨论的机会。

> 设置议程有助于咨询师和学生充分地利用会谈时间，为每个人想要讨论的话题创造空间。

　　下面的对话展示了咨询师如何快速地与阿尔弗雷德设置议程。学生们希望在会谈开始时就设置好会谈议程，而且他们常常会带着讨论议题前来咨询。如下面的对话所示，议程设置可以在不到一分钟内完成。学生可以通过使用这种方法，控制每个话题的讨论时间。任何话题都不会无意间被忽视，以致最后匆忙地只完成了一次很不深入的交谈。设置议程的作用是尊重每个人在会谈中想要谈论某些事情的意愿，而非限制任何话题。

- 咨询师：那么，今天你想谈论些什么？

- 阿尔弗雷德：嗯，那个叫迈克的家伙想找人打架，我想我会成全他。我们可以谈一谈这个话题。

- 咨询师：很好。我看到你把他的名字写在了会谈前速测表上，对此我想多了解一些。我还想了解一下上周的家庭作业你完成得如何。我看到你在速测表上勾选了你完成的家庭作业，结果如何？

- 阿尔弗雷德：结果并不顺利。

- 咨询师：好，我们是否需要将它也列入今天的会谈议程中？

- 阿尔弗雷德：当然需要。

- 咨询师：听起来不错。我想再花一点时间和你谈一谈如何才能回到摔跤队，你觉得可以吗？我们应该从哪个问题开始？

- 阿尔弗雷德：我们来谈一谈迈克吧……

- 咨询师：好的，你是想现在回顾家庭作业，还是把它留到本次会谈的最后再讨论？

- 阿尔弗雷德：我们最后再讨论吧。

　　阿尔弗雷德和他的咨询师制定了一个会谈议程（见图 5-3），而且阿尔弗雷德能选择从哪里开始。如果咨询会谈中出现了任何急需谈论的事情，咨询师需要询问阿尔弗雷德是否有必要将其加入本次会谈议程中，或是将其纳入下一次会谈议程中。如果谈话开始偏离主题，例如会谈过程中你们开始闲聊，议程就会引导你和学生的谈话回归到会谈主题上。

　　随后，咨询师会盯着时间，以确保有足够的时间来讨论阿尔弗雷德想优先讨论的话题。这段谈话可能只需要大约一分钟，但你们已经完成了几件事。阿尔弗雷德能够掌握会谈的方向，并意识到他所思考的事情（他与迈克的问题、他的家庭作业完成得不顺利）会被讨论。咨询师能够确定阿尔弗雷德想谈论的话题，以便他能为这些话题及自己感兴趣的议题安排充足的时间。如果没有这段谈话，他们可能会一直谈论阿尔弗雷德完成家庭作业的情况，以及他与迈克之间的问题，而永远不会涉及如何让阿尔弗雷德回归摔跤队这一主题。如果没有议程，会谈可能最终会聚焦在其他话题上，而完全错过最重要的议题。

议程		
和迈克打架	（第一）	✓
完成家庭作业	（第三）	
回归摔跤队	（第二）	

图 5-3　阿尔弗雷德的会谈议程

当你思考议程内容并倾听学生发言时，试着把讨论的重点放在认知概念化中重要的思维和行为模式上，将有助于你和学生都知道是哪些潜在的心理因素引发了他们的想法、感受和行为。许多心理咨询师发现，使用一张纸来展示学生与其当前问题相关的思维模式是有帮助的（见图 5-4）。完成认知概念化将有助于你更好地理解学生，以及为学生提供较精准的干预。更重要的是，当学生体验到负面情绪时，认知概念化能直观地向学生描述发生了什么。这种理解方式有助于学生在未来出现问题时，可以成为自己的咨询师，因为他们明白自己的思维模式及潜在的信念是如何在他们的思维、感受和行为方式中发挥作用的。

情境：今天早上在体育馆打篮球时，迈克很用力地撞了我一下	
想法： 迈克想挑起一场争斗，我也打算和他打一架。如果我不把他打倒，我就会显得很弱	**想法：** 迈克是一名出色的运动员。我会向他展示我也是——我将在比赛中发挥最佳水平
感受： 愤怒、沮丧	**感受：** 坚定、兴奋
行为： 告诉迈克我会在放学后等他在停车场对着他的脸打一拳	**行为：** 努力练习，鼓励队友们全力以赴，关注赛事
这对我来说有效吗？ 被开除——无效 仍然不被允许回到摔跤队——无效	**这对我来说有效吗？** 发挥最佳水平——有效 证明我又一次为比赛做好了准备——有效
我的哪些信念再次阻碍了我？ 如果我不迅速攻击，人们就会认为我很软弱，并试图伤害我	

图 5-4 阿尔弗雷德对现有问题的思维模式

困境中的学生

如果一位学生因情绪困扰来做心理咨询，你该如何处理呢？请注意这种痛苦与真正的临床危机不同。临床危机是指患者有严重自杀念头或刚刚经历了人身攻击。在面对情绪困扰时，学生会感到非常痛苦，但没有实际的危险，也无须启动危机反应。例如，一名学生可能因为与另一名学生相互推搡，或因为考试不及格而陷入情绪困扰之中。有些咨询师在面对此类情况时会显得不知所措，因为当学生带着痛苦来咨询时，情绪问题会占据整个会谈过程。在这种情况下，议程中的检查，讨论家庭作业，以及会谈的其他关键部分都会被忽略，以便学生和咨询师能全力处理不良情绪。当这种行为成为一种模式时，想在咨询会谈中取得重大进展几乎是不可能的，因为会谈的重点是当天的危机而非治疗目标。然而，学生们在接受心理咨询时仅仅专注于他们当前面临的问题所引发的苦恼，而不考虑大局的情况也是很常见的。从发展的角度来看，青少年往往对自我成长不感兴趣，他们只关注当下，并且只想谈论他们最近的问题。让学生看看他们目前的问题是如何与他们的思维和信念模式相关联的，能为他们创造一个既能解决眼前的问题，又能解决生活中的模式问题的机会。承认并改变这些模式可以在现在和未来为学生提供帮助。

> 坚持遵循会谈结构，将"危机"融入个案概念化的框架中，有助于使会谈不离题。

尽管痛苦的情绪会给学生带来一些困扰，但这些情绪上的困扰还不足以使学生的情况达到危机水平，因此咨询师无须为此重新调整咨询会谈（面对真正的临床危机事件，例如自杀、被攻击或类似的情况，此时咨询师需要遵循危机处理流程，但这部分已经超出本书讨论的范围）。在以上这些情况下，会谈前速测表是一个特别有用的工具。会谈前速测表有助于引导学生描述问题的情境、感受的强度、在这种情境下产生的想法，以及目前处理这种情境的计划。学生只需要两分钟就可以完成这张表格，在此过程中学生可以冷静下来。咨询师可以通过这张表格快速了解学生的感受。根据你对学生情况的了解，为了更好地帮助学生，你可以选择当学生遇到情绪困扰时让其填写会谈前速测表，也可以让他们在每次咨询会谈前都填写会谈前速测表。

在咨询会谈开始时你可以查看会谈前速测表，以了解学生关注的问题，并思考学生的困扰与以下几个方面的关系。

- 认知概念化
- 思维模式
- 学生潜在的信念
- 治疗目标

以上述方式讨论学生的情绪困扰，从多方面、多角度理解学生的问题，有助于咨询师更好地帮助学生处理其问题并避免偏离咨询目标。咨询师可以通过使用以上这种方式，在会谈中处理学生的一些问题，而且这种方式与个案概念化和治疗目标有一定联系。

家庭作业

学生每周接受心理咨询的时间可能不超过 30 分钟。如果他们在两次会谈之间没有练习和反思学到的新技能，他们就很难真正改变。在认知疗法中，家庭作业是在两次会谈之间完成的，以使学生有机会巩固与掌握会谈中学习的咨询技术，并在现实生活中练习使用这些技术。咨询会谈之外的练习有几个目的。首先，增加了青少年反思咨询工作的时间。学生不只在每次 30 分钟的咨询会谈中才关注改变，在两次会谈之间的实践练习中也要思考如何改变。其次，青少年最初可能无法接受在咨询会谈中学习到的技能或策略。一些青少年可能表面上认同，但实际上认为"那是不可能的"或"我永远不会真的那样做"，而其他一些青少年则可能公开表达他们对在现实生活中应用这些技能的担忧。家庭作业为青少年创造了一个检验咨询技能的机会，即检验这些技能是否真的对青少年有帮助。青少年可以将真正有用的技能应用到自己的生活中，在咨询会谈中与咨询师进一步讨论或修改无用的技能。

一些心理咨询师可能会犹豫是否要给来访者布置家庭作业，但在学校中的咨询可以很好地将家庭作业融入其中。研究表明，认知疗法中的家庭作业与学校中的学业作业类似，因为持续完成家庭作业可以显著提高学生学习新技能的效率，并将其融入他们的日常生活中（Edelman & Chambless，1995；Leung & Heimberg，1996；Neimeyer & Feixas，1990）。

你和学生可以在每次会谈结束时一起讨论如何布置家庭作业。家庭作业应始终与咨询定位、咨询目标及咨询中涉及的主题直接相关。咨询师在布置家庭作业时可以这样说："基于我们最近在做的工作,你这周想尝试做些什么?"与学生一起共同设定实用的、易完成的家庭作业。设定完成家庭作业的日期和时间非常有帮助,特别是在早期的咨询会谈中,因为这将会提升学生愿意尝试完成家庭作业的可能性。此外,让学生完成家庭作业可以帮助其记住需要做的事情,并认真对待这项任务。情况允许的话,在会谈中通过制订计划、思考阻碍学生做出改变的因素之后学生再真正开始做家庭作业也会很有帮助。

> 布置简单的家庭作业比布置复杂的家庭作业更有效。

家庭作业不需要过于繁杂。一项容易完成的家庭作业要比一项难以完成的复杂的家庭作业要好得多。在布置家庭作业时,要确保无论发生什么,你和学生都能学到一些东西。如果学生没有完成家庭作业,可能存在的阻碍是什么?如果她尝试完成家庭作业但没有成功,在此过程中发生了什么?学到了什么?如果她成功地完成了家庭作业,那么她下周还会继续完成吗?

一旦布置了家庭作业,要求学生对他们完成家庭作业的可能性进行评分可能会很有帮助,可以用1—100分的标准进行评分。如果学生对完成家庭作业的信心低于 90%，那么他们需要完成以下练习。

- **协同**工作并选择一项练习任务。

- 让学生回忆选择完成这项家庭作业的**原因**。

- 预测任何**阻碍**和问题，并想办法解决这些阻碍和问题。

- 根据需要**修改**家庭作业，将完成家庭作业的信心提高到 90%。

在下次咨询会谈开始时，记得询问学生家庭作业的完成情况，或是留意一下学生在会谈前速测表上关于家庭作业的完成情况（"我做了家庭作业　　　；我没做家庭作业　　　"）。学生是否完成了家庭作业？学生是按预期进行的吗？学生有意外的收获吗？学生从完成本次家庭作业中学到了什么？我们并不建议你将所有的这些问题都问一遍，但它们为你提供了一个你想知道关于家庭作业的哪些信息的框架。一般来说，在会谈开始时家庭作业的检查流程非常简短。然而，如果家庭作业变成了一项重要的会谈内容，就需将其纳入本次会谈议程中。家庭作业任务经常被纳入会谈议程中，以便咨询师和学生可以进行充分讨论。以这种方式检查家庭作业，可以让学生感受到完成家庭作业很重要，并强化学生完成家庭作业的意愿，为会谈中讨论家庭作业所涉及的持续存在的问题提供基础。

请注意在本章节中，家庭作业也被称为"练习""工作"或"任务"。家庭作业也可以被称为"心智增强游戏""行动计划"或其他任何适合你和学生风格的名称。为家庭作业起不同的名称，是为了更好地完成家庭作业，你可以选择任何让你和学生感到舒适的名称。有些学生对"家庭作业"这个名称很满意，因为家庭作业是学校环境中不可缺少的一部分。其他学生可能不太愿意称其为"家庭作业"，而更愿意称其为"练习"。一些心理咨询师会称其为"计划"，例如，"那么，这周的计划是什么？你想做什么？"只要能确保家庭作业及其重要性被传达出来，你就可以使用你喜欢的任何名称。

反馈与总结

认知疗法咨询会谈结构的最后一个重要的部分是请学生

在会谈中提供反馈，并在会谈结束时总结他们从本次会谈中学到的内容。进行反馈的一个绝好时机是在一个主题结束过渡到下一个主题之前；另一个时机是在咨询会谈中定期检查学生的理解程度的时候。在开始探讨新话题之前，你可以邀请学生对你们刚刚讨论的内容提供一些反馈（比如，这次咨询让你感觉如何？）他们能总结出要点吗？比如：

- 那么，我们已经讨论了一些解决你和迈克之间的问题的不同想法。请告诉我，你的计划是什么？这个计划对你来说是否可行？你对自己所做的决定有任何犹豫或担心吗？

按照类似的思路，将反馈、总结和家庭作业结合起来的一个好方法是在咨询会谈结束时，询问以下这类问题。

- 今天的会谈对你有帮助吗？最有帮助的部分是什么？
- 有没有什么部分是对你没有任何帮助的？
- 我们在今天的会谈中有遗漏任何你想探讨的内容吗？我们是否需要把它纳入下次的会谈议程中？
- 在下周我们见面之前，在今天我们讨论的所有想法中，对你最有帮助、你最有可能练习的想法会是哪一个？

　　询问学生他们认为什么是最有帮助的，什么是最没有帮助的，什么是最有趣的，将会有助于你完善咨询会谈的重点和方法，以及确定那些需要改变的会谈议程。总结也为学生提供了一个能让他们反思自己在咨询过程中所学到的或收获的东西的机会。此外，学生有时会以完全不同于咨询师总结的方式总结一次会谈。对心理咨询师来说，听一听学生们是如何看待这次咨询的，会有很大的启发。如果有误解或其他需要解决的分歧，让学生总结会谈内容会使这些问题暴露出来，并创造一个咨询师和学生进行讨论的机会。最后，家庭作业会从反馈与总结中自然而然地流露出来，并为学生提供一个选择一种方法来巩固他们已经获得的技能的机会。

　　心理咨询师有时会发现，把这些部分看作书立（见图5-5）会一目了然。回顾"会谈前速测表"和制定会谈议程构成了书立的一端，要求学生共同制定家庭作业并提供反馈以及进行总结构成了书立的另一端。书立将整个会谈联系在一起，使咨询师和学生聚焦问题，并展示该问题与干扰学生达到目标的咨询焦点之间的关系。

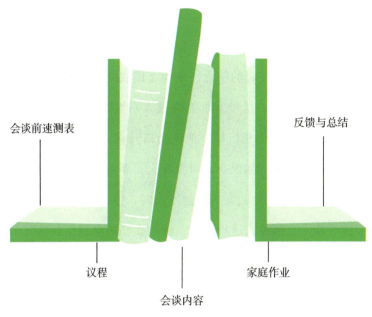

会谈前速测表

反馈与总结

议程

家庭作业

会谈内容

图 5-5　咨询会谈的书立

家庭与基于学校的认知疗法

在通常情况下，与青少年工作的认知疗法咨询师也会努力让孩子的父母参与咨询会谈。父母的信念往往在家庭系统的运作方式中起着很大的作用，整个家庭做出改变比仅是某位家庭成员做出改变更有效。信念和行为模式可以代代相传，孩子们从养育他们的家庭那里习得了他们的核心信念及对世界的看法。父母的信念往往会直接或间接地传递给他们的孩子。例如，一位母亲可能会直接对她的女儿说："永远不要相信男人！你相信他，他就会离开你。"或者，一位父亲的核心信念是"如果有人对我发火，那就意味着这个人真的不爱我"。每当他的女儿对他发火时，他可能会沉默不语。即使他从未直接说出这种信念，他的女儿也会观察到她父亲的沉默，并间接地从中发展出自己的信念。例如，他的女儿可能会相信，"我永远不应该表露我的愤怒，因为这会让人们远离我，表露愤怒一定会使我成为一个坏人"。

当父母不参与学生的咨询时，学生就得面临额外的挑战，即学习管理家庭信念在其信念体系中的作用。因此，理想的情况是父母也能参与咨询会谈。然而，在学校背景下，家长参与心理咨询往往是不太可能的。特别是在美国低收入城市地区的家庭往往承受着非常大的压力，因此家长可能无法不顾工作到学校参与咨询会谈。由于他

> 家长参与咨询过程并不总是可行的，但当家长参与其中时，家庭成员的支持可能会给青少年带来强大的力量。

们自己过去的经历，家长在学校场景中可能会感到不舒服。他们往往习惯于接听来自学校的告知其孩子在学校闯祸的电话，并且可能会犹豫是否要与学校的工作人员进行沟通。日常工作及照顾年幼孩子的重担往往会给家长来学校参与咨询带来更多的阻碍。家长也可能因为担心接受心理咨询会带来羞耻感而对参与青少年的心理咨询犹豫不决。

　　青少年也可能对父母的参与感到犹豫不决。随着孩子们进入青春期，他们变得更少关注家庭，而更多关注同伴，因此他们可能对家庭参与不感兴趣。一些私密的话题也会使青少年不希望让父母参与。青少年可能会因为与他们的家庭或家庭生活有关的问题前来寻求心理咨询，或者他们可能会希望对家人隐瞒自己的担忧。由于美国各州的法律不尽相同，因此需要注意你所在的州让家庭参与青少年心理咨询的相关法律规定。美国一些州的法律规定，青少年有权对自己的心理健康负责，这就意味着在法律上青少年有权对其接受咨询的情况保密。因此，若希望让家庭成员参与咨询会谈，咨询师需要首先核查当地的法律，以确保你是否需要征得青少年的同意才能决定是否要与其家人联系。即使当地的法律不要求征得青少年的同意，在与其家人联系之前，仍需要获得学生的许可，这是维护咨访关系非常重要的一步。

你可以采取一些措施促进家庭成员参与青少年的咨询会谈过程。首先，通过电话、电子邮件和信件与青少年的家长进行私人的、积极的联系，有助于消除家长认为学校联系自己一定是为了传达坏消息的心理预期。其次，可以鼓励家长参与青少年完成家庭作业的过程。青少年可能会在家里或家附近完成家庭作业，此时父母的支持就会非常有帮助。在适当的情况下，咨询师也可以邀请家庭成员进行一次咨询会谈。例如，在家长的午休时间可以安排一个 30 分钟的会谈，无论是面对面的形式还是通话的形式。此外，还需确保对"家庭"有一个宽泛的概念界定。任何对青少年来说很重要且经常与其接触的人都可以被纳入"家庭"范围内。青少年的祖父母、姑姑、叔叔、表兄弟姐妹或亲密的朋友也许对整个咨询过程有很大帮助。无论你决定邀请谁，一定要确保已经获得了学生的许可。最后，你与学生家庭成员的联系可能是零星的，也可能只是基于电话和电子邮件。然而，对任何可以有家庭成员参与的学生而言，潜在的回报会让你的努力变得非常有价值。

未来的方向：传播

本书只是传播工作的一小步。所谓传播是指将在实验室、大学及其他学术环境中研发出的干预措施和咨询方法推广到学生、家庭及其他来访者群体中的过程。传播是一种尝试，它试图缩短实验环境（基于科学研究）中有效的咨询方法与真实环境中为有各种各样需求的来访者进行临床干预之间的差距。随着学术界和临床实践之间建立起了联系，研究人员和临床工作者将继续合作，以了解这些有实证支持的干预方法将如何转化到学校等应用场景中。作为一位愿意花时间学习如何将认知疗法有效地应用于学校环境中的咨询师，你也是推动"传播浪潮"的推进者之一。你在不断探索如何在学校背景下使用有实证支持的干预措施。我们希望本书能给你带来一定帮助，并希望你们一直走在"传播浪潮"的前沿。

支持的证据

事实上，有证据表明，在接受过有实证支持疗法培训的咨询师中，咨询师对干预措施的个人态度在很大程度上会影响他们所选择的干预措施（Forman，Fagley，Steiner & Schneider，2009）。

一些研究将认知疗法或认知行为疗法融入学校环境中，并取得了可喜的成果。例如，伯恩斯坦等人发现以学校为背景的认知行为疗法可以有效地缓解学生的焦虑，尤其是在家长也参与其中的情况下（Bernstein，Layne，Egan，& Tennison，2005）。在学校背景下使用认知行为疗法可以有效地缓解抑郁（Ruffolo & Fischer，2009；Shirk，Kaplinski & Gudmundsen，2009）、愤怒（Smith，Larson，& Nuckles，2006）、注意缺陷多动症（Bloomquist，August & Ostrander，1991），以及其他各种障碍（Gimpel，Peacock & Collett，2010）。你在本书中学到的技能是这些研究中的干预手册会涉及的。你与学生进行临床工作时可以合理地运用这些技能。

本章小结

当你第一次考虑使用认知疗法进行咨询时，你可能会觉得遵循认知疗法的会谈结构可能具有挑战性，但这种会谈结构最终可以使你的咨询更有成效。设定目标、会谈检查、设置议程、讨论会谈议程、布置家庭作业和反馈与总结，有助于你创建一个咨询的路线图，以便你和学生每周都可以遵循这一路线，学生可以在两次会谈之间完成相关的任务。咨询焦点是明确的，因此当相关的想法和行为模式在会谈中出现时，咨询师将帮助学生认识到这些模式会如何影响他们试图达到的目标。这种形式将有助于学生识别、检查和改变那些反复出现并妨碍他们前行的思维、行为和潜在信念。即使学生带着因某个事件产生的强烈情绪前来咨询，认知疗法的会谈结构也可以帮助你将这种情况纳入咨询的整个过程中。咨询师如果能将会谈结构与本书中提到的认知技术和行为技术相结合，将在应对学校场景下的挑战与取得回报的工作中取得更大成效。

·附 录·

附录 1-1　认知模型

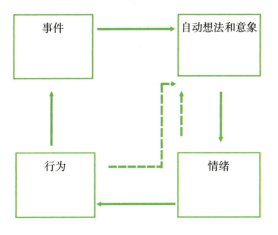

附录 1-2　思维陷阱

重复		认为如果某件事发生过一次，它总是会以同样的方式再次发生
"都是我的错"		为已经发生的负面事件责备你自己，即便它们实际上与你毫无关系
悲观主义		认为事情总是会变得最坏
选择性视角		看不到情况好的一面，而是只看到可能发生的危险或不好的部分
忽视证据		只看到最坏事情将要发生的证据，而不是查看所有证据来判断会发生什么
过早地下结论		在了解有关情境的所有事实之前就得出结论
读心术		从负面的角度"读心"——比如，在没有任何证据的情况下断定某人对你有不好的看法
应该		"应该"式的思维方式——"我应该和每个与我作对的人打架"或"我永远都不应该生气"
水晶球		预测未来会发生什么，事情可能会变糟糕
完美灾难	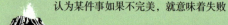	认为某件事如果不完美，就意味着失败

注：附录内容选自 Torrey A. Creed, Jarrod Reisweber, Aaron T. Beck（2011）。Guilford 出版社版权所有。本附录仅供购买者个人使用（有关详细信息，请参阅版权页）。

附录 2-1　个案概念化

早期经历

有哪些重要的早期经历可能会影响这位学生？

潜在信念

学生对自己和世界持有的最强信念是什么？
学生对如何在世界上生存的（与核心信念直接相关的）信念是什么？

思维和感受模式

在某个特定情境下最快出现、最具评价性的想法是什么？
和这些想法相关的情绪有哪些？

行为模式

学生会基于自己的信念做什么？

附录 2-2　会谈前速测表

今天我想谈论：	我感到：	感受强度：最高
	高兴	10
	愤怒	9
	伤心	8
	担忧	7
对此我的想法：	兴奋	6
	尴尬	5
	内疚	4
	放松	3 2
	其他	1 最低

处理这件事的最好办法：

基于上次会谈，我正在想：

我做了＿＿没做 ＿＿练习任务

附录 3-1　两格的思维泡泡练习

在第一个框里，描述一个情境，包括一个人物，在他 / 她的头部上方有一个思维泡泡。那个人在对自己说什么？一定要考虑这个想法会如何影响那个人在这种情况下的感受或行为。

在第二个框中，给该人物的思维泡泡中写下一个不同的想法。新的想法会如何影响不同的感受或行为？

想法1

想法2

附录 3-2　三格的思维泡泡练习

画一个三框漫画，展示情境、想法和反应是如何相关联的。在方框1中，
画出该情境。展示出：发生什么事？谁在那儿？他们在做什么？在方框2中，
画一张包含思维泡泡的图片。主角在这种情况下的自动想法是什么？在方框3中，
展示出主角的反应。主角有什么感觉？又有怎样的反应？

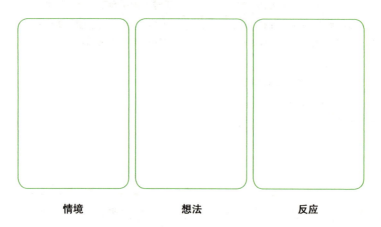

情境　　　　　　　　　　想法　　　　　　　　　　反应

附录 3-3　简化版的思维记录

情境

就在你有这种感受之前，你周围发生了什么？

自动想法

你的头脑中出现了什么想法？

情绪

你感受到了什么样的情绪（用一个词来形容）？

附录 3-4　思维记录表

情境 发生了什么	想法 我当时在想什么	感受 我有什么感受	行为 我做了什么

附录 3-5　三 C 思维记录表

时间与日期	
周围环境 在你产生强烈反应之前你周围发生了什么?	
识别 你头脑中出现了什么**想法**(记住用一句话进行描述)?	
感受 当时你的身体有什么感受(记住用一个词进行描述)?	
检验想法 这个想法是真的吗?对你有帮助吗?	
改变想法 什么想法可能是真实的或对你有帮助的呢?	

附录 3-6　检验想法

是时候检验你的想法了

✓ 是什么告诉你这个想法是真的?

✓ 是什么告诉你这个想法可能不是真的?

✓ 有什么证据证明这个想法是真的或不是真的吗?

✓ 你对发生的事情还有其他解释吗?

✓ 你相信这个想法会有什么影响? (利弊分析)

✓ 你可以做些什么?

✓ 如果这件事发生在你的一位朋友身上, 你会告诉他什么?

✓ 你的朋友会如何看待你的想法?

✓ 这个想法对你有帮助吗?

附录 3-7　成功路线图

应对技巧

附录 4-1　令人愉悦的活动清单

- 重新整理房间
- 播放音乐并跳舞
- 加入你所敬佩的志愿者群体
- 逛公园
- 买一个二手乐器并学习如何演奏
- 去看一场表演或演唱会
- 为旅行或假期做计划
- 创作艺术品或工艺品
- 亲吻
- 穿你喜欢的衣服
- 阅读一本书或杂志
- 听能令你放松的唱片
- 点蜡烛
- 喷点香水
- 坐在太阳下
- 玩棋盘游戏
- 完成一项艰巨的任务
- 列出你感激的事情
- 泡个澡或淋浴
- 写故事、写诗或创作音乐
- 谈情说爱
- 唱歌或演奏乐器
- 学会用另一种语言说 30 个词
- 烤蛋糕
- 出门闲逛
- 洗头发并做造型
- 和陌生人聊天
- 去一个展览馆或动物园
- 与宠物一起玩

- 听音乐
- 给别人礼物
- 拍照
- 谈论体育
- 观看或参加体育活动
- 帮助或保护某人
- 听笑话
- 在美丽的地方待着
- 吃好吃的食物
- 打个盹
- 去博物馆
- 去野餐
- 画一幅画
- 和朋友或亲戚在一起
- 玩纸牌游戏
- 打电话聊天
- 做白日梦
- 去看电影
- 拜访邻居
- 玩电子游戏
- 在公园里荡秋千
- 回忆，谈论旧时光
- 参加派对或举办派对
- 在动物收容所做志愿工作
- 写日记
- 祷告
- 冥想
- 做按摩或捶背
- 去散步、远足或跑步

- 赤脚走路
- 吃泡泡糖吹泡泡
- 深呼吸 10 分钟
- 发挥你的特长
- 去理发或护肤
- 和你爱的人在一起
- 看一部电影
- 启动一个新项目
- 去图书馆
- 在花盆里埋下种子
- 观察路人
- 坐在壁炉前
- 在收容所做志愿者工作

- 为自己或别人买花
- 探访病人
- 写一封信
- 健身
- 打理花园
- 拥抱一个人
- 花时间陪小孩
- 熬夜
- 参加旧物售卖活动
- 认识新朋友
- 去游泳
- 阅读漫画书
- 骑自行车

附录 4-2　活着的理由

　　什么理由让你选择活着？不同的人有不同的理由，明确你自己的理由对你很重要。这些理由有时可能会改变，所以想想哪些理由让你选择活下去。

附录 4-3　利弊列表

它的好处是什么？　　　　　　　　它的坏处是什么？

好处	坏处

附录 4-4 恐惧等级

你看过埃及金字塔的照片吗？恐惧等级有点像金字塔。你可以和你的咨询师合作，列出你所恐惧或担心的情境，并且把它们从最容易处理到最难处理进行排序。然后，使用你的应对技巧征服第一步，别担心，你可以做到！你会在成功的基础上再接再厉，你将会对自己能够应对的东西感到惊讶。准备好了吗？我们开始吧！

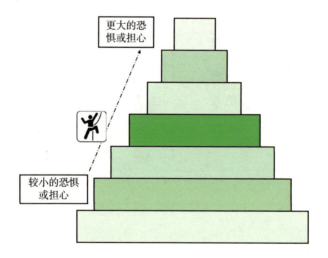

附录 4-5　主观痛苦感觉单位量表

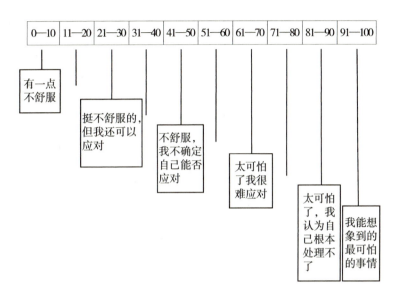

附录 4-6 渐进式肌肉放松练习

闭上你的眼睛，深呼吸……直到将气体吸入腹部……屏住呼吸一小会，然后呼气……很好……现在重复一次深呼吸……再次深呼吸，想象空气从脚底进入你的体内，逐渐向上，逐渐向上，一直到头顶，收集所有的紧张和压力。想象一下你呼出这口气时，这些紧张和压力也随之离开你的身体。现在，我想请你关注你的身体，以及你的身体现在的感受。注意你的感受……你的身体重吗？轻吗？紧张吗？放松吗？你是冷静的还是焦虑的？关注你自己的身体感受。

现在我想请你注意你的右手……握住你的右拳，握得越来越紧，越来越紧，很好，保持住，保持住，现在放松……注意收紧肌肉和放松肌肉之间的区别。注意肌肉放松时愉悦的感觉。

现在我想请大家注意你们的左手……握住你的左拳，握得越来越紧，越来越紧，很好，保持住，保持住，现在放松……注意收紧的肌肉和放松的肌肉之间的差别。

你感觉越来越放松，十分放松，平静，安全，没有压力。

现在注意你的手肘，收紧你的肱二头肌，尽可能地收紧它们并留意那种肌肉紧张的感觉……保持住，然后放松并伸直你的手臂……让放松的感觉顺着你的胳膊向下流动。

你感觉越来越放松，深度地放松、冷静、安全、无压力。

现在注意你的头部，把你的额头皱得尽可能紧一些……保持住。然后放松……舒展额头……想象一下你整个额头是舒展的、放松的。

现在咬紧你的下巴，咬紧并注意下巴的紧张…保持住，好的，然后放松。充分地感受一下咬紧下巴和放松之间的区别。

现在耸起肩膀，将你的头向下沉在两边的肩膀之间，很好，保持住。现在放松一下，感受一下放松的感觉蔓延到你的脖子、喉咙和肩膀。尽情享受脖子在放松的肩膀上保持平衡时的轻松和灵活。

现在将注意力放在你的背部。稍稍拱起它，确保不要过于紧张。注意你背部下方的张力。感受一下这种紧张，然后放松。专注于消除背部下方和腹部肌肉的所有紧张感。

你感觉越来越放松、平静、安全、无压力。

现在把脚趾向下蜷起来，让你的小腿紧绷起来。审视这种紧张感并保持住，然后放松，享受放松的感觉。

现在把你的脚趾朝上蜷起来，让你的小腿紧绷。然后放松，享受放松的感觉。

现在感受一下你全身的沉重感，感觉自己越来越沉重，深度地放松。你会感到平静、安全、放松。

附录 4-7　呼吸练习

在你选择一种令你感到舒适的方式坐好之后，我们开始做这个练习，先做几次舒服的、长的、深呼吸。轻轻地把空气吸进去，让它充满你的肺……然后再均匀地把所有空气呼出来。重复几次深呼吸，让你自己更轻松地坐在那里。充分地吸气，让空气流入你的体内……然后让空气再次轻轻地流出。当你深呼吸时，注意你身体的肌肉是否有紧绷感。你可以从你的头部开始观察。注意你的额头、你的脸颊、你的下巴。你的这些部位感到紧张吗？如果感到紧张，那么就轻轻地让自己放松。接下来，注意你的脖子、肩膀，以及背部上方。如果你的某个部位感到紧张，那么就让自己放松。继续对你的身体进行观察，逐渐向下移动至你的手臂和手、你的腹部，然后是你的腿和脚。轻轻地让这些部位的紧张感消失。你可能会发现自己的某些部位仍处于紧张状态。没关系，就让这些紧张随着每次呼气重新离开你的身体。每当你呼气时，就让越来越多的紧张感离开你的身体。再过一会儿，把你的注意力带回你的呼吸上……吸气，呼气。并且，每一次呼气，就让更多的紧张感从你的身体中消失。

当你坐在那里让自己变得越来越放松时，把注意力带回到你的呼吸上，并开始真正注意到你的感受。当你吸气时，注意到凉爽的空气顺畅地从你的鼻子或嘴巴进入你的体内。请注意在肺完全充满空气的那一刻，到呼气之前的那一刻之间短暂的间隔。同样，请注意从你呼气的那一刻，到你再次吸气的那一刻之间短暂的间隔。把你的注意力带到你的呼吸上……吸气，呼气……吸气，呼气。感受冷空气进入你的体内……流入你的肺部……温暖舒适的空气又流了出去……每一次呼气，都会让更多的紧张感消散。注意你的呼吸……吸气，呼气……吸气，呼气。如果你的思绪游荡了，没关系，你只需要轻轻地把自己的注意力带回到你的呼吸上……吸气，呼气。冷空气进入你的体内……流入你的肺部……温暖舒适的空气又流了出去……吸气，呼气……吸气，呼气。

当注意你的呼吸时，也许你会在吸气和呼气时分别对自己说一个词语。当你吸气时，你可能会对自己说"平静"，当你呼气时，你可能会说"释放"。吸气时说"平静"，呼气时说"释放"。平静……释放……平静……释放。把你的注意力带到你的呼吸上……吸气，呼气。平静……释放……平静……释放。如果你的思绪在游荡，没关系，你只需要轻轻把你的注意力带回你的呼吸上……吸气，呼气……吸气，呼

气……吸气，呼气。每一次呼气，就会让更多的紧张感离开你的身体。注意冷空气进入你的体内……流入你的肺部……温暖舒适的空气又流了出去。把你的注意力带到你的呼吸上……吸气，呼气……吸气，呼气……吸气，呼气。继续把注意力放在你的呼吸上，直到你感到舒适为止。在你准备好之后，你可以轻轻地把你的注意力带回房间，同时仍然让自己舒适、放松地坐在那里……注意你的呼吸……吸气，呼气……吸气，呼气……吸气，呼气。

版 权 声 明

Cognitive Therapy for Adolescents in School Settings By Torrey A. Creed, Jarrod Reisweber, Aaron T. Beck.

Copyright: Copyright © 2011 The Guilford Press

A Division of Guilford Publications, Inc.

Published by arrangement with The Guilford Press

Simplified Chinese edition copyright:

2022 POSTS & TELECOMMUNICATIONS PRESS

All rights reserved.

本书中文简体版专有翻译出版权由 The Guilford Press 授予人民邮电出版社有限公司出版发行。未经许可，不得以任何手段和形式复制或抄袭本书内容。

参考文献

为了节省纸张、降低图书定价，本书编辑制作了电子版参考文献。用手机扫描下方二维码，即可下载。